英会話 その"直訳"はネイティブを困らせます

デイビッド・セイン

青春新書
INTELLIGENCE

はじめに

　のどが乾いたなと思ったら、外国人のスタッフが、スッとコーヒーを持ってきてくれました。
　そこで一言「気がきいてるね！」と声をかけるなら、何と言いますか？

　アメリカの本社に、オンライン会議用のリンクを送り準備万端で待っているのに、いつまでたっても本社のスタッフがログインしてきません。
　どうしたのかと思っていたら、こちらの説明不足で別のパスワードを使っていたとのこと。「言葉足らずでした」と伝えたい場合、どう言えばいいでしょう？

　ネイティブと会話しなければいけない時や、英語で電話がかかってきたり、急いでメールを打たなければいけない時、つい、思いついた日本語を"直訳"していませんか？

　直訳でも通じればいいですが、"残念な直訳"では、意図とまるで違う意味になってしまい、誤解されたり、赤っ恥をかいてしまう恐れがあります。

　そこで本書では、日本人がうっかり"残念な直訳"をしがちな表現を選りすぐり、それをどのように英訳すればネイティブにも自然に伝わるか、実例を挙げて収録しました。

外国人のスタッフと、こんなやり取りをするなんて、一生ないと思っていたかもしれません。
　しかし、時代はあなたが思っているよりも、早く動いているようです。
　今や街で外国人を見かけない日はありませんし、英語を耳にせず、1日を過ごすこともないでしょう。

　英語を身につけるのに一番効果的なのは、日頃から使う言い回しを1つずつ英語で言えるようにすることです。
　本書で紹介した、

「さすがですね」
「差し支えなければ…」
「ご都合がよろしければ…」

　といった日常的に使っているフレーズを、毎日1つずつでも英語で言えるようにすれば、自分でも驚くほど「英語が話せる」ようになります。

　日本語と英語は、すべてがイコールとなるわけではありませんし、解釈の仕方でいかようにも訳せます。そのため本書で紹介した英語も、あくまで一例に過ぎません。
　ただし長年、日本で暮らしている私なりに、日本人の心を可能な限り汲み取り、自然な英語に表現したつもりです。

　外国人とやり取りする際、少しでも役に立てば幸いです。

デイビッド・セイン

CONTENTS

はじめに……3
この本の使い方……12

Part 1　ほめる・共感する

ほめ上手ですね。……14
頭、いいですね。……15
きみには脱帽するよ。……16
その考えは深いですね。……17
それは何よりです。……18
うらやましいですね。……19
さすがですね。……20
いいこと言うなぁ。……21
頭の回転、速いですね！……22
数字に強いですね。……23
格が違いますね。……24
聞き上手ですね。……25
(彼は)よくできた方です。……26
(彼は)スケールが大きい。……27
(彼女は)裏表がなくていい。……28
気がききますね。……29
論理的でわかりやすいです。……30
勘がいいですね。……31
鼻がききますね。……32
機転がききますね。……33
モテるでしょ？……34

すごい人脈をお持ちですね。 35
この会社はトムでもってるんですよ。 36
目のつけ所が違いますね。 37
縁がなかったってことだよ。 38
運が悪かったね。 39
災難でしたね。 40
言いたい人には言わせておけよ。 41
相手が良くないですね。 42
いい経験になりますよ。 43
あなたはまだマシだよ(私なんて…)。 44
お察しいたします。 45
お気持ち、わかりますよ。 46
それはお困りだったでしょう。 47
それは一理ありますね。 48
なるほど、それはいいですね。 49

  コラム① この諺、英語で言えますか?【初級編】 50

Part 2 お礼を言う・お願いする・断る・謝る

たいへん勉強になりました。 52
いいことを教えていただきました。 53
あらためてお礼にうかがいます。 54
夢でも見ているようです。 55
折り入ってお願いごとがあります。 56
よろしければご覧ください。 57
今、ちょっといいですか? 58
お時間は取らせません。 59
お忙しいところすみません。 60

どうぞお目通しください。……………………………61
ご一読くださいますか？……………………………62
勝手なお願いですが…。……………………………63
そうしていただけるとありがたいのですが…。……64
ご一考いただければ幸いです。……………………65
(あなたを)見込んでのお願いです。………………66
念のためにお聞きしますが…。……………………67
「特急」でお願いします。……………………………68
それはちょっと、どうかなと思います。……………69
それはいたしかねます。……………………………70
まったくダメというわけではありません。…………71
今回は見送らせてください。………………………72
残念ですがご希望にそえません。…………………73
お役に立てず残念です。……………………………74
上(上司)の理解がなくて…。………………………75
ご容赦ください。……………………………………76
お話は承りました。…………………………………77
お気を悪くなさらないでください。…………………78
予定がまだ見えません。……………………………79
一度、社に持ち帰ります。…………………………80
それはもったいない。………………………………81
あいにく先約がありまして。…………………………82
ちょっと誤解があるようですが。……………………83
私の記憶違いかもしれませんが…。………………84
もう勘弁してくださいよ。……………………………85
ご迷惑をおかけしてすみません。…………………86
ご理解ください。……………………………………87
いただいたお電話ですみません。…………………88

言葉足らずでした。 89
心よりお詫び申し上げます。 90
軽はずみな行動でした。 91
誠心誠意取り組ませてもらいます。 92
お詫びの言葉もございません。 93
お騒がせしました。 94
あってはならないことでした。 95
感情的になってゴメン。 96
すみません、大丈夫ですか？ 97
以後、気をつけます。 98
言いすぎました。 99
勘違いでした。 100
ご心配おかけしてすみません。 101
　　コラム② この諺、日本語で言えますか？【中級編】 102

Part 3　話しかける・あいさつ・雑談・メール

ご無沙汰しております。 104
お元気そうですね。 105
お変わりありませんね。 106
その後、いかがですか？ 107
これはこれは、珍しいところで(会いましたね)。 108
(初対面で)よろしくお願いします。 109
差し支えなければ…。 110
ご都合がよろしければ…。 111
軽く、どう？ 112
トムがいないと始まらないよ！ 113
ご活躍と伺っております。 114

遅くまで大変ですね。...............115
落ち着いたら一杯行きましょう。...............116
いい雰囲気(の店)ですね。...............117
場所、変えましょうか?...............118
同席させてもらってもいいですか?...............119
見てるだけです、ありがとう。...............120
お呼び止めしてすみません。...............121
そこまでお連れしますよ。...............122
私でよければ。...............123
お安い御用です。...............124
ご興味をお持ちいただき、ありがとうございます。...............125
皆さんによろしく。...............126
お構いもしませんで。...............127
またのお越しをお待ちしております。...............128
お風邪など召しませんように。...............129
よいお年を。...............130
お話は尽きませんが…。...............131
(電話を)そろそろ切りましょうか。...............132
ご活躍をお祈りしております。...............133
お気をつけて。...............134
お世話になりました。...............135
すっかり長居しちゃいました。...............136
(おごってもらって)ごちそうさまでした。...............137
いいお湯でした。...............138
ご気分はいかがですか?...............139
顔色がいいですね。...............140
お元気になられて何よりです。...............141
お悔やみ申し上げます。...............142

心中、お察しいたします。 143
　　コラム③ この諺、日本語で言えますか？【上級編】 144

Part 4　日本語ならではの表現

天にも昇る気持ちです。 146
無理を承知でお願いしたいんですが…。 147
間に合ってます。 148
力不足ですみません。 149
お気持ちだけいただきます。 150
決め手に欠けますね。 151
つかぬことをお聞きしますが…。 152
けっこうなお話ですが（少し考えさせてください）。 153
お酒はたしなむ程度です。 154
（彼は）空気が読めない。 155
朝イチでやります。 156
できるだけやってみましょう。 157
今回だけですよ。 158
やぶさかではありません。 159
私としたことが（うかつでした）。 160
…という理解でよろしいでしょうか？ 161
（こういう説明で）答えになってますでしょうか？ 162
お眼鏡にかなって光栄です。 163
かわいい子には旅をさせろ、ですね。 164
足を向けて眠れません。 165
（そういう人）嫌いじゃないよ。 166
お電話が遠いのですが。 167
あなたの発想は斜め上を行ってますね。 168

彼女は闇が深い。 169
歯がゆい思いをした。 170
彼女は歯に衣着せぬ物言いをする。 171
彼は歯の浮くようなお世辞を言う。 172
彼の発言で会場がざわついた。 173
犬に噛まれたと思うしかない。 174
今となっては笑い話ですが。 175
(彼女には)太鼓判を押す。 176
これは叩き台だと考えてください。 177
脱線しないようにしましょう。 178
確かな筋からの情報では…。 179
その件は大事をとって伏せておこう。 180
(予算内に収めようと)頭を絞った。 181
あの会社は勢いがある。 182

 コラム④ この諺、英語で言えますか？【番外編】 183

おわりに 185

本文デザイン 清水真理子(TYPEFACE)
本文DTP　AtoZ English

この本の使い方

[これを英訳できるか挑戦しましょう！]

[日本人の"直訳英語"は、ネイティブにはこういう意味に聞こえます]

[日本人がついやってしまう"直訳英語"の例]

ほめ上手ですね。

≫ と言いたくて

残念な直訳

You're good praise.

⚠ **ネイティブにはこう聞こえる!?** 「あなたは良い称賛だ」

≫

💡 **こう考えれば英訳できた！** 「ほめてくれてありがとう」

≫

ネイティブならこう言う

> Thank you for the compliment.

「ほめ上手ですね」とは、人から何かほめられた時、謙遜してお礼がてら口にする言葉。praise に「ほめること」という意味もありますが、You're good praise. では、You（あなた）= praise（称賛）になり意味不明です。

こんな時ネイティブなら、ほめ言葉（the compliment）に対して「…してくれてありがとう（Thank you for ...）」とお礼を言うのがお約束。決まり文句の Thank you for the compliment. で「おほめいただきありがとうございます」→「ほめ上手ですね」となります。

[上の日本語は、ネイティブならこのように英訳します！]

[上の日本語をこう考えれば英訳できるというヒント]

[なぜこのような英語になるのか、なぜ「残念な英語」になってしまうのかを解説]

Part 1

ほめる・共感する

人と仲良くなるには、「ほめ上手」「聞き上手」になることと言われますが、その「ほめ上手」と「聞き上手」を英語で言うには、どう表現すればいいでしょう?
　言えそうで言えない「ほめる・共感する」表現に挑戦!

ほめ上手ですね。

≫と言いたくて

残念な直訳

You're good praise.

 ネイティブにはこう聞こえる!?　「あなたは良い称賛だ」

 こう考えれば英訳できた！　「ほめてくれてありがとう」

ネイティブならこう言う

Thank you for the compliment.

「ほめ上手ですね」とは、人から何かほめられた時、謙遜してお礼がてら口にする言葉。praise に「ほめること」という意味もありますが、You're good praise. では、You（あなた）= praise（称賛）になり意味不明です。

こんな時ネイティブなら、ほめ言葉（the compliment）に対して「…してくれてありがとう（Thank you for ...）」とお礼を言うのがお約束。決まり文句の Thank you for the compliment. で「おほめいただきありがとうございます」→「ほめ上手ですね」となります。

頭、いいですね。

≫ と言いたくて

残念な直訳

Your head is good.

 ネイティブには こう聞こえる!?　「良い頭の形ですね」

 こう考えれば 英訳できた！　「あなたはとても賢い」

ネイティブならこう言う

You're pretty smart.

　超難問のクイズを目の前で解かれたら、「頭、いいですね」などと思わず言ってしまうもの。つい Your head を主語にしたくなりますが、それでは「あなたの頭の形は良い」→「良い頭の形ですね」なんて意味に。こんな時ネイティブなら、主語を You にして You're pretty smart. と言います。「あなたはかなり頭がいい」→「頭、いいですね」というイメージ。もっと大げさに、You're a genius!（天才だね！）でも OK。

　ちなみに、英語の smart は「賢い、高性能の、格好いい」で、日本語のような「細い」という意味はありません！

きみには脱帽するよ。

≫と言いたくて

残念な直訳

I put off my cap.

 ネイティブには こう聞こえる!? 「私は野球帽を延期します」

 こう考えれば 英訳できた! 「私はあなたに（敬意を表して）帽子を脱ぐ」

ネイティブならこう言う

I take my hat off to you.

　「脱帽する＝帽子を脱ぐ」とは、相手に感心して尊敬の気持ちを抱くこと。帽子を脱ぐことで、敬意を抱いていることを表します。実は英語にも同様の言い回しがあり、take one's hat off to ... で「帽子を取って…に敬意を払う、…に脱帽する、…には頭が下がる」という意味になり、日本語とほぼ同じイメージになります。

　「（衣服を）身につける」なら put on ですが、「脱ぐ」なら put off より、take off を用いるのが一般的。ネイティブが put off を聞くと「延期する」を連想するでしょう。

その考えは深いですね。

≫ と言いたくて

残念な直訳

That's a low thought.

 ネイティブには こう聞こえる!?　「その考えは下品だ」

 こう考えれば 英訳できた！　「それは深い考えだ」

ネイティブならこう言う

That's a deep thought.

　物事に対して、深い洞察力がある人へのほめ言葉。「それは…だ（That's）」＋「深い考え（deep thought）」とシンプルに解釈すればOK。You're a deep thinker.（あなたは深く物事を考える人だ）でもいいですし、insight（洞察力）を使ったYou have deep insight.（あなたは深い洞察力がある）でも、同様の意味になります。

　「深い」という言葉から、lowを思い浮かべる人もいるでしょう。しかしこれだと「低い、下品な」となり、ほめ言葉どころか失礼な一言になってしまいます。

それは何よりです。

と言いたくて

残念な直訳

That's for the best.

 「最終的には良かった（収まるところに収まる）」

 「これ以上、うれしいことはありません」

ネイティブならこう言う

Nothing makes me happier.

　「それは何よりです」とは、「（他の）何よりも素晴らしい、うれしい」という意味の言葉。しかし That's for the best. だと、「それは最高だ」ではなく「それは（最後には）収まるところに収まる」という決まり文句になってしまいます。

　この場合、「私にとってこれ以上、うれしいことはありません」となる Nothing makes me happier than ...（…よりもうれしいものはない）の決まり文句を使い、Nothing makes me happier. で「私をこれよりも幸せな気分にさせるものはない」→「それは何よりです」と表現すれば OK！

うらやましいですね。

≫と言いたくて

残念な直訳

I'm jealousy.

 ネイティブには こう聞こえる!? 「私は嫉妬のかたまりだ」

 こう考えれば 英訳できた！ 「すごく嫉妬している！」

ネイティブならこう言う

I'm so jealous!

　自慢話への、あいづちとして使われるフレーズです。羨望の気持ちを表して、「嫉妬する」= jealous と解釈しましょう。I envy you. や How I envy you! でも、同じようなニュアンスになります。

　しかし I'm jealousy. だと文法的にも NG ですし、「私＝嫉妬」となり、ほめ言葉ではなく嫉妬のかたまりと化して相手を憎んでいるイメージに。

　I'm so jealous! なら、「うらやましいですね」という冗談めかしたほめ言葉に聞こえます。

Part I　ほめる・共感する

さすがですね。

≫と言いたくて

残念な直訳

I expect you.

 ネイティブには
こう聞こえる!? 「あなたを期待してる」

 こう考えれば
英訳できた! 「驚きはしません」

ネイティブならこう言う

I'm not surprised.

一目置いている人が予想通りに物事を成し遂げたときに使う表現。そのため「(あなたならそんなことを成し遂げたとしても) 驚きはしない、当然でしょう」と解釈し、I'm not surprised. と表現すればいいでしょう。

expect は「(…が当然起きるだろうと) 期待する、楽しみにする」という意味の動詞。you を目的語にする場合、I expect you to come by 9:00.(ちゃんと9時までに来てね)のように、あとに期待する内容を続けないと意味をなさないため、I expect you. と言われてもネイティブは困惑します。

いいこと言うなぁ。

≫と言いたくて

残念な直訳

That's a good saying.

 ネイティブには こう聞こえる!?　「いい諺ですね」

 こう考えれば 英訳できた！　「それはとても上手に言われている」

 ネイティブならこう言う

Well said.

　日本語の「よく言った！」と同じように解釈し、「よく（well）＋言った（said）」＝ Well said. と 2 単語でスッキリ表現することができます。That's very well said. を短くしたものが Well said. で、「それはとてもうまく言いましたね」→「よく言った」と、相手の発言をほめる際の決まり文句になります。

　一方、「いいこと言う」を直訳したつもりで good saying と表現すると、saying は「諺、格言」なので、「それはいい諺ですね」なんて意味になるので要注意です。

Part I　ほめる・共感する

頭の回転、速いですね！

と言いたくて

残念な直訳

You react quickly!

⚠️ **ネイティブにはこう聞こえる!?** 「すぐ反応しますね！」

💡 **こう考えれば英訳できた！** 「あなたは鋭い人だ！」

ネイティブならこう言う

You're sharp!

　頭の切れる人へのほめ言葉。端的に **You're sharp!**（鋭いですね！）または **You're witty!**（切れますね！）と表現するといいでしょう。witty は「機知のある、才気煥発な」と「頭の回転が速く切れること」を意味するので、ここで使うのにピッタリ。**You think quickly!**（あなたは考えるのが速い！）や **You're a quick thinker!**（あなたは頭の回転が速い人だ！）でも **OK** になります。

　You react quickly! だと、単に「反応が早い」という意味になってしまうので **NG** です。

数字に強いですね。

≫ と言いたくて

残 念 な 直 訳

You're strong numbers.

 ネイティブには こう聞こえる!?　「あなたは強い数字だ」

 こう考えれば 英訳できた！　「あなたは数字を扱うのがうまい」

ネイティブならこう言う

You're good with numbers.

「数字に強い」とは、「数字を扱うのが得意」ということ。

be good with ... で「…の扱いがうまい」なので、You're good with numbers. で「あなたは数字に強い」→「数字に強いですね」となります。

ちなみに be good at ... や be strong in ... は「…が得意だ」。そのため be good at math や be strong in math だと「数学が得意だ」と似たニュアンスになります。

ちなみに You're strong numbers. だと、「あなたは強い数字だ」となり、「得意だ」とはなりません。

Part I　ほめる・共感する　23

格が違いますね。

 と言いたくて

残念な直訳

You're an upper man.

 ネイティブには
こう聞こえる!? 「あなたは上級の人だ」

 こう考えれば
英訳できた! 「次元が違いますね」

ネイティブならこう言う

That's on a different level.

　相手を最高級レベルでほめる際に使われる言葉です。「段違いにすごい」→「次元が違う」と解釈するといいでしょう。直訳の You're an upper man. だと、「あなたは上級な人だ」と、上下関係の上にいる人だと言っているように聞こえます。

　「次元が違う」にあたる言葉は、例文のように be on a different level ですが、belong to a different category（異なる分類に属する→格が違う）でも OK。また、be out of one's league. でも「格が違う、高根の花だ、立派過ぎて不釣り合いだ」といった意味になります。

聞き上手ですね。

≫ と言いたくて

残念な直訳

You have good ears.

 ネイティブには こう聞こえる!? 「あなたはいい聴覚をしている」

 こう考えれば 英訳できた！ 「あなたは良い聞き手だ」

ネイティブならこう言う

You're a good listener.

「聞き上手ですね」とは、話し手をうまく乗せて話を引き出せる人に対して使うほめ言葉。「聞き上手」=「良い聞き手」なので good listener と表現します。また、それに対し「話し上手」なら good speaker です。英語では、動詞に -er を付けて「…する人」という意味になる単語が数多くあり、runner（走者）、writer（作家）、player（プレイヤー）、rider（ライダー）などがその仲間。

直訳の You have good ears. だと「耳が良い」=「聴覚がいい」という意味になるため NG です。

（彼は）よくできた方です。

と言いたくて

残念な直訳

He's a well-done person.

 ネイティブには こう聞こえる!?　「彼は見事に作られた人だ」

 こう考えれば 英訳できた！　「彼は（精神的に）バランスのとれた人だ」

ネイティブならこう言う

He's a well-balanced individual.

　人間性に優れた人に対して使うほめ言葉。出した成果に対して「よくやった！（Well done!）」と言ったりしますが、これをそのまま人に当てはめて a well-done person と言うと、「見事に作られた人だ」または「肉のようによく焼かれた人だ」なんて意味不明な英語に。

　「（精神的に）安定した、バランスの取れた（well-balanced）」+「人（individual）」と表現すると、うまくニュアンスが出せます。似たほめ言葉の「よくできる人」を言うなら、**He's talented.**（彼は才能がある）です。

（彼は）スケールが大きい。

≫ と言いたくて

残念な直訳

His scale is big.

 ネイティブには こう聞こえる!?　「彼の体重計は大きい」

 こう考えれば 英訳できた！　「彼は大きな心を持つ」

ネイティブならこう言う

He has a big heart.

「スケールが大きい」とは、小さなことをいちいち気にしない、器の大きな人のこと。こんな時は、「大物の、寛容な、大きなスケールで」といった意味のある big を使い、have a big heart と表現すれば OK。He has a big heart. で「彼は心が広い、包容力がある」→「彼はスケールが大きい」となります。

しかし「スケール」をそのまま英語の scale に置き換えて、His scale is big. だと「彼の体重計は大きい」なんて文になってしまうので要注意！

Part I　ほめる・共感する

（彼女は）裏表がなくていい。

と言いたくて

残念な直訳

She doesn't have the front or back.

 ネイティブには こう聞こえる!? 「彼女には前後がない」

 こう考えれば 英訳できた！ 「彼女は誰に対しても同じだ」

ネイティブならこう言う

She treats everyone the same.

「裏表がなくていい」とは、人によって態度を変えたりしない、公平な人に対して使うほめ言葉。「裏表」を front or back なんて訳すと、「彼女には前後がない」などという謎の意味に…。

「裏表がない」=「誰でも同じように扱う、全員を等しく扱う」と考え、treat everyone the same と表現するといいでしょう。逆に「裏表がある人」と言う時は、two-faced で「裏表がある、二つの顔を持つ」なので、She's two-faced.（彼女は二面性がある）です。

気がきますね。

>> と言いたくて

残念な直訳

Your spirit is working.

 ネイティブには こう聞こえる!?　「魂が働いている」

 こう考えれば 英訳できた!　「あなたはとても察しがいい」

ネイティブならこう言う

You're so considerate.

　気配りができ、頭の回転が速いことをほめる表現です。considerate（察しがいい）や caring（思いやりのある）などを使い、You're so considerate/caring. と言えば、うまくニュアンスが出せます。強調表現の so（とても）を入れることで、「とても察しがいいね」→「気がきくね」と心からそのように思っていることが伝わります。

　それに対し、「気がききますね」の「気」を spirit と取り、Your spirit is working. だと「魂が働いている」なんてスピリチュアルな文になってしまいます。

Part I　ほめる・共感する

論理的でわかりやすいです。

と言いたくて

残念な直訳

Your talk is logical and easy.

 ネイティブにはこう聞こえる!?　「あなたの話は論理的だけど簡単だ」

 こう考えれば英訳できた！　「あなたはとても論理的で明瞭だ」

ネイティブならこう言う

You're very logical and clear.

　話に筋道が通っていて、しかも聞き手が理解しやすい話し方をしていることを言います。「論理的」は logical を、「わかりやすい」は「明瞭だ」と考え、clear を使うといいでしょう。**easy to understand** でもいいですが、clear なら 1 語でスッキリ表現できます。

　しかし Your talk is logical and easy. だと、easy には「簡単だ、安易な」とネガティブなニュアンスがあるため、「話は論理的だけど簡単だ」と、ほめ言葉どころか批判的な言葉になるので、相手も気分を害してしまうでしょう。

勘がいいですね。

≫ と言いたくて

残念な直訳

You have six senses.

 ネイティブにはこう聞こえる!? 「あなたは感覚が6つある」

 こう考えれば英訳できた! 「あなたはとても直感力がある」

ネイティブならこう言う

You're very intuitive.

そもそも「勘がいい」とは、「直感力がある」こと。「直感力がある」にあたる形容詞 intuitive を使い、You're very intuitive. で「あなたはとても直感力がある」→「勘がいいですね」となります。have (a) good intuition（良い直感力がある）の言い回しを使ってもいいでしょう。

「第六感（sixth sense）」も「直感」と似た言葉なので、You have a sixth sense.（あなたには超能力がある）なら似たニュアンスになりますが、six senses だと「感覚が6つある」なんて意味になってしまいます。

Part I ほめる・共感する

鼻がききますね。

≫と言いたくて

残念な直訳

You have a good nose.

 ネイティブには こう聞こえる!?　「鼻の形がいいですね」

 こう考えれば 英訳できた！　「利益をかぎつける鼻を持っていますね」

ネイティブならこう言う

You have a good nose for profit.

「鼻がきく」とは、物事（特に利益）をさぐり当てるのが上手なことを表す言葉。驚くなかれ、英語にも同様の言い回しがあり、have a nose for ... で「…をかぎつける勘を持っている」→「鼻がきく」となります。似た表現に have an eye for ...（目がきく、勘が働く）もあり、You have a good eye for profit.（あなたは見る目がある）でも同様のニュアンスに。目でも鼻でも OK とは、面白いですね！

一方、You have a good nose. だと「あなたは良い鼻を持っている」→「鼻の形がいいですね」となります。

機転がきますね。

> と言いたくて

残念な直訳

Your wit is working.

 ネイティブにはこう聞こえる!? 「あなたの機転は動いている」

 こう考えれば英訳できた! 「あなたは機転がきく」

ネイティブならこう言う

You're quick-witted.

「機転がきく」とは、飲み込みが早く、頭の回転が速いこと。wit で「機転、機知、ウィット」です。これを使った形容詞の quick-witted（機転がきく）で「あなたは機転がきく」と考え、You're quick-witted. と言えば OK！ 語頭の quick- には「即、素早い」という意味があり、quick-eared なら「耳ざとい」、quick-eyed なら「目ざとい」です。

一方、「(機転が) ききますね」の「きく」を「働く」ととらえ、Your wit is working. と表現すると「あなたの機転は動いている」などと、意味不明の文になります。

モテるでしょ？

>> と言いたくて

残念な直訳

Do you have many fans?

 ネイティブには こう聞こえる!? 「あなたにはファンがたくさんいる？」

 こう考えれば 英訳できた！ 「あなたは人気があるに違いない」

ネイティブならこう言う

I bet you're popular with the guys/ladies.

　異性から人気のある人に対して使うお世辞が、「モテるでしょ？」。そのため「あなたは異性に人気があるに違いない」と解釈し、I bet ...（きっと…に違いない）で始め、その後に be popular with ...（…に人気がある）と続ければ、「あなたは男性／女性に人気があるに違いない」＝ I bet you're popular with the guys/ladies. となります。

　Do you have many fans?（あなたにはファンがたくさんいる？）だと、fan は「熱狂的な支持者」で性別を問わないため「（異性から）モテる」とはニュアンスが異なります。

すごい人脈をお持ちですね。

≫ と言いたくて

残念な直訳

You have a lot of relationships.

 ネイティブにはこう聞こえる!? 「大勢と浮気してますね」

 こう考えれば英訳できた! 「あなたは大勢人を知っている」

ネイティブならこう言う

You know a lot of people.

「すごい人脈を持っている」とは、簡単に言えば知り合いが大勢いること。シンプルに know a lot of people（大勢知っている）でもいいですし、have an extensive network（幅広いネットワークを持っている）や have a lot of contacts（幅広い人脈を持っている）、have personal relationships（人脈がある）でも同様のニュアンスで通じます。

ただし have relationships には「関係する、浮気する」という意味合いがあるため、have a lot of relationships だと「大勢と浮気している」なんて誤解する人がいるかも？

Part I　ほめる・共感する

この会社は トムでもってるんですよ。

〉〉 と言いたくて

残念な直訳

Tom has this company.

 ネイティブには こう聞こえる!? 「トムがこの会社の持ち主だ」

 こう考えれば 英訳できた！ 「トムなしだと、この会社は壊れる」

ネイティブならこう言う

Without Tom, this company would fall apart.

社内における縁の下の力持ちの人に向けた、ほめ言葉です。「トムがいなければ（Without Tom）、この会社はバラバラに壊れる（fall apart）」と解釈して、Without Tom, this company would fall apart. と表現します。fall apart には「（組織・体制などが）崩壊する」という意味もあるので、非常によくイメージが伝わるはず。

直訳の Tom has this company. だと、「トムがこの会社を保有している」となり、トムが会社のオーナーか大株主と誤解されてしまいます。

目のつけ所が違いますね。

≫と言いたくて

残念な直訳

Your eyes are different.

 ネイティブにはこう聞こえる!? 「あなたの(左右の)目は違う」

 こう考えれば英訳できた! 「あなたは人が気がつかないことに気づく」

ネイティブならこう言う

You notice things others don't.

　「目のつけ所が違いますね」とは、着眼点が他の人と違って素晴らしいことをほめる際の一言。そのため、「他の人が気づかないことにあなたは気づく」と解釈するといいでしょう。notice(気づく)の後に things others don't(他の人が気づかないこと)と続ければ OK！ You see things with a different eye.(「見分ける力」の意の eye は通常、単数形)でも同様の意味になります。

　直訳の Your eyes are different. だと、「あなたの(左右の)目は違う」と、見た目を言っているように聞こえます。

Part I　ほめる・共感する　37

縁がなかったってことだよ。

≫と言いたくて

残念な直訳

We didn't have a connection.

 ネイティブには こう聞こえる!?　「(電車の) 乗り換えがなかった」

≫

 こう考えれば 英訳できた!　「運命ではなかった」

≫

ネイティブならこう言う

It wasn't meant to be.

　「縁」とは、つながりや巡り合わせのこと。動詞 mean は受動態の be meant to do で、「…することになっている」と先々の運命的なことを言い表します。そのため It wasn't meant to be. で「そうすることになってはいなかった」→「そうなる運命ではなかったんだ」→「縁がなかった（だから仕方ない）」と、縁がなかったことを前向きにとらえる決まり文句です。

　一方、not have a connection だと、「(電車の) 乗り換えがない」なんて取られるかもしれません。

運が悪かったね。

≫ と言いたくて

残念な直訳

You lucked out.

 ネイティブには こう聞こえる!?　「ラッキーだったね」

 こう考えれば 英訳できた!　「それは不運だ」

ネイティブならこう言う

That's tough luck.

「運が悪かったね」は、何か良くないことを経験した人にかける慰めの言葉。tough には「厳しい、残念な」という意味があるので、tough luck で「不運」、That's tough luck. で「それは不運だ」→「運が悪かったね」となります。状況によって「それは諦めるしかないね」というニュアンスも。

それに対し、luck（運に恵まれる）＋ out で「運が悪い」になると思うかもしれませんが、luck out で「幸運に恵まれる」。You lucked out. だと「ラッキーだったね」という真逆の意味になるので要注意です！

災難でしたね。

≫と言いたくて

残念な直訳

You met disaster.

ネイティブにはこう聞こえる!? 「あなたは災害にあった」

こう考えれば英訳できた! 「それは完全に災害だった」

ネイティブならこう言う

It was a complete disaster.

外的な要因で、悲惨な目にあった人にかける慰めの言葉。completeで「まったくの」、そしてdisasterは大きな災害や大惨事を指す言葉のため、It was a complete disaster. で「それはまったくの大惨事だった」→「(それは) 災難でしたね」という同情の一言に。Today was a disaster. なら「今日は最悪の日だった」です。

ただし「大変な目にあう」を meet disaster と表現すると、「(実際に) あなたは災害にあった」と事実を述べる言い回しになるので、ニュアンスが異なります。

言いたい人には言わせておけよ。

≫ と言いたくて

残念な直訳

If they talk, they can.

 ネイティブにはこう聞こえる!? 「話せるなら、できる」

 こう考えれば英訳できた! 「言いたいことは言わせておけ」

ネイティブならこう言う

Let them say what they want.

周りの意見が煩わしい時などに、「放っておけ、構うな」という意味で使う言い回し。**Let them say** で「(ヤツらには)言わせておけ」、**what they want** で「望むことを」となるので、**Let them say what they want.** で「言いたいことを言わせておけよ」。**Let them say what they like.**(好きなことを言わせておけ)でも、ほぼ同様の決まり文句になります。

これを **If they talk, they can.** と表現すると、「もし話すなら、できます」と今ひとつ意味不明な言葉になり、元の文の捨てゼリフ的なニュアンスがなくなってしまいます。

相手が良くないですね。

≫と言いたくて

残念な直訳

He's not good.

ネイティブには こう聞こえる!? 「彼は良くない人だ」

こう考えれば 英訳できた！ 「彼は扱いが難しい」

ネイティブならこう言う

He's difficult to deal with.

気落ちしている人に、それは相手が悪いと励ます際の決まり文句。「相手にするには手強い」という意味合いで、「相手＝その場にいない第三者」に対する言葉になります。そのため3人称単数（He または She）を使い、「彼は扱いが難しい（He's difficult to deal with.）」→「（彼を）相手にするには良くない」と表現するといいでしょう。

「相手が良くない」をそのまま英語にして He's not good. だと、「彼は良くない人だ」→「彼は悪いヤツだ」と、素行が悪いという意味になってしまいます。

いい経験になりますよ。

≫と言いたくて

残念な直訳

You'll experience good luck.

 ネイティブにはこう聞こえる!? 「あなたは幸運なことが起こりますよ」

 こう考えれば英訳できた! 「それはいい経験になるでしょう」

ネイティブならこう言う

It'll be a good experience.

　「いい経験になりますよ」とは、今は役に立たなくても、将来的に役立つ経験をした人に対して言うアドバイス。そのため It'll be ...(…しますよ)と主語を It にして未来形を使い、It'll be a good experience. で「それはいい経験になるでしょう」→「いい経験になりますよ」と表現すれば OK！

　しかし You'll experience good luck. だと、experience good luck には「幸運なことが起こる」なんて意味があるため、変に期待させてしまうフレーズに？　言い間違えて、うっかり誤解されないように注意しましょう。

Part I　ほめる・共感する

あなたはまだマシだよ
(私なんて…)。

> と言いたくて

残念な直訳

You're better than me.

 ネイティブには こう聞こえる!?　「あなたは私より上手だ」

 こう考えれば 英訳できた！　「あなたはラッキーだよ」

ネイティブならこう言う

You have it lucky.

人と自分を比較して「あなたはまだマシだよ (私なんて…)」と卑下する時は、have it lucky (幸運だ) の決まり文句を使い、「あなたは私に比べてラッキーだ」と解釈して You have it lucky compared to me.(あなたは私に比べてラッキーだ) と表現するといいでしょう。これを省略したものが You have it lucky. で、「あなたはラッキーだ (私に比べて)」→「あなたはまだマシだよ (私なんて…)」となります。

これを You're better than me. と表現すると、「あなたは私より上手だ」と、技術的な上下のニュアンスに聞こえます。

お察しいたします。

>> と言いたくて

残念な直訳

I'm guessing.

 ネイティブには こう聞こえる!?　「今、推測しています」

 こう考えれば 英訳できた！　「気持ちはわかります」

ネイティブならこう言う

I know the feeling.

　相手の気持ちに共感を示す表現が、「お察しいたします」。I know ... で「…がわかります」と理解を示し、後に「気持ち」を意味する the feeling を続ければ OK！ I know the feeling. は「お察しいたします」だけでなく、「気持ちはわかるよ」と同情を表す際にも使える決まり文句。落ち込んでいる人には、ぜひこんな声かけをしましょう。

　それに対し guess は、一方的に「…だと思う、…と推測する」という意味のため、「察する」のような相手の気持ちを 慮 るニュアンスはありません。

お気持ち、わかりますよ。

と言いたくて

残念な直訳

I know what you're thinking.

 ネイティブには
こう聞こえる!? 「あなたが今、考えていることがわかる」

 こう考えれば
英訳できた! 「あなたがどう感じているか
理解している」

ネイティブならこう言う

I understand how you feel.

　相手に共感を示す言葉が、「お気持ち、わかりますよ」。これを英語にするなら、相手の気持ちを思いやる際の決まり文句 I understand how you feel. を使うといいでしょう。「あなたがどう感じているか理解している」→「お気持ち、わかりますよ」というイメージで、I understand how difficult it is. なら「どんなに大変かわかります」、I understand how busy you are. なら「どんなにお忙しいかわかります」です。
　一方、I know what you're thinking. は「あなたが今、考えていることがわかる」と、超能力を使っているニュアンスに？

それは
お困りだったでしょう。

と言いたくて

残念な直訳

You were trouble.

「あなたは面倒な人だった」

「それは大変だったに違いない」

ネイティブならこう言う

That must have been difficult.

過去に起きたトラブルに対し、同情して口にする言葉。「…だったに違いない（must have been ...）」+「困難な、厳しい（difficult）」で That must have been difficult.（それは大変だったに違いない→それはお困りだったでしょう）となります。That must have been difficult for you.（大変だったでしょう）でも OK です。

「困る」を trouble と表して、主語を You にすると、You were trouble. で「あなたは面倒な人だった」と、失礼極まりない一言になってしまいます。

それは一理ありますね。

と言いたくて

残念な直訳

Surely, that's true.

⚠️ **ネイティブにはこう聞こえる!?** 「確かに、それは事実のはずです」

💡 **こう考えれば英訳できた!** 「それは一部は真実である」

ネイティブならこう言う

That's partly true.

相手の言い分にも一応の理屈があると認める表現が、「確かに一理ありますね」。「一部は真実である」となる partly true を使い、That's partly true. で「それは一部は真実である」→「それは一理ある」となります。もしその後に反論するなら、That's partly true, but ... 「それは一理ありますが、…」と but の後に本来主張したいことを続けましょう。

それに対し Surely, that's true. だと、「確かに、それは事実のはずです」となり、事実かどうかを確認された際の答えのようなフレーズになります。

なるほど、それはいいですね。

と言いたくて

残念な直訳

I think it's the best.

 ネイティブには
こう聞こえる!?　「それは最高だと思います」

 こう考えれば
英訳できた!　「なるほど。それはいい」

ネイティブならこう言う

I see. That's good.

　人のアイデアを聞いて、そこそこ評価する時に使う相づち表現です。最高とまではいかないものの、「なるほど、悪くないね」というレベルの時に「なるほど（I see.）」、「それはいいね（That's good.）」と使います。

　うっかり I think it's the best. と言ってしまうと、「それは最高だと思います」という意味になるため、変に相手に期待させてしまうかも。「すごくいいね！」とほめるなら、ネイティブは大げさな表現を好みますから、That's great/awesome/marvelous! などと言いましょう。

この諺、英語で言えますか？【初級編】

【問題】次の日本語の諺を英語にしてください

1. 何事も初めが肝心
2. 必要は発明の母
3. ローマは1日してならず
4. 百聞は一見にしかず／論より証拠
5. 時は金なり
6. 恋は盲目
7. 人を見たら泥棒と思え
8. 嵐の前の静けさ
9. 知は力なり
10. 悪銭身につかず

【答え】

1. A good beginning makes a good ending.
2. Necessity is the mother of invention.
3. Rome wasn't built in a day.
4. Seeing is believing.
5. Time is money.
6. Love is blind.
7. Never trust a stranger.
8. After the calm comes the storm.
9. Knowledge is power.
10. Easy come, easy go.

Part 2

お礼を言う
お願いする
断る
謝る

コミュニケーションで大事なのは、謝るべき時に謝り、お礼する時には手厚く、お願いする時は心を込めて。ニッポンの心を英語で伝えるには、どう表現すればいいでしょう？

たいへん勉強になりました。

≫ と言いたくて

残念な直訳

I studied a lot.

 ネイティブには
こう聞こえる!? 「たくさんの量を勉強した」

 こう考えれば
英訳できた! 「多くを学んだ」

ネイティブならこう言う

I learned a lot.

　「たいへん勉強になりました」とは、目上の人などから、ありがたい話を聞いた時に使うお礼の言葉。「勉強になる」＝「学ぶ」と考えればいいでしょう。study は努力して学ぶ過程を表す動詞なのに対し、learn は学んで身につける結果を表します。「たいへん勉強になりました」とは、「多くのことを学んで身につけた」という意味なので、learn ならニュアンスがうまく伝わります。

　一方、I studied a lot. だと「たくさんの量を勉強した」と問題を数多く解いたイメージになり、ニュアンスが異なります。

いいことを
教えていただきました。

≫と言いたくて

残念な直訳

I was told a good thing.

ネイティブには
こう聞こえる!?　「(あなたではない他の人から)
　　　　　　　いいことを教わった」

こう考えれば
英訳できた！　「何か価値あることをあなたから学んだ」

ネイティブならこう言う

I learned something valuable from you.

　何か役に立つような話を聞いた時の、お礼の言葉です。「いいこと」は「何か価値のあること」と考え something valuable、「教えてもらった」なので I was told ... と言いたくなるでしょうが、受動態は回りくどいので、ネイティブは日常会話では避ける傾向にあります。シンプルに「あなたから教わった」と考え、I learned ... from you. としましょう。from you がないと「他の人から」と誤解され、お礼になりません。

　カジュアルに言うなら、**That's good to know.**（それはいいことを聞いた）でも同じような意味になります。

Part 2　お礼を言う・お願いする・断る・謝る

あらためてお礼に うかがいます。

≫と言いたくて

残念な直訳

I'll thank you one more time.

 ネイティブには こう聞こえる!?　「あと1回ありがとうと言います」

 こう考えれば 英訳できた!　「またお礼を申し上げたいです」

ネイティブならこう言う

I'd like to thank you again.

　一度きりのお礼ではすまなそうな時、場を変えて再度お礼に伺うと伝える際の表現です。この「あらためて」は again を、また「お礼にうかがいます」は I'd like to thank you（お礼をしたいです）を使うと、うまくニュアンスを出せます。

　「あらためて」を one more time を使って表現すると、one more time は「もう一度、もう1回」と回数を表す言葉のため、「もう1回（だけ）ありがとうと言います」なんて、ちょっとセコい表現に聞こえるかも。丁寧にお礼を言うなら、I'd like to thank you again. です。

夢でも見ているようです。

 と言いたくて

残念な直訳

I'm watching my dream.

 ネイティブには こう聞こえる!? 「私は夢を注意深く見ている」

 こう考えれば 英訳できた！ 「夢を見ているように感じる」

ネイティブならこう言う

I feel like I'm dreaming.

「夢でも見ているようです」は、信じられないほど良いことが自分の身に起きた時に使う言葉。dream の1語で「夢を見る」となるので、それに feel like ...（…な気がする）をつけて、I feel like I'm dreaming. で「夢を見ているような気がする」→「夢でも見ているようです」となります。

「夢を見る」を watch a dream とすると、動詞の watch は「注意深く見る」という意味のため、「私は夢を注意深く見ている」なんてシュールな文に。I'm walking on air.（幸せすぎて足が地に着かない）なら同じような意味になります。

Part 2 お礼を言う・お願いする・断る・謝る

折り入って お願いごとがあります。

と言いたくて

残念な直訳

Could you please me?

ネイティブにはこう聞こえる!? 「私を満足させてくれますか？」

こう考えれば英訳できた！ 「特別にお願いごとがあります」

ネイティブならこう言う

I'd like to ask a special favor of you.

強く相手にお願いしたいことがある時に用いる表現です。ask a favor of ... で「…にお願いをする」なので、それに special（特別な）をつけて「折り入って」のニュアンスを出しましょう。I'd like to ask a special favor of you. で「あなたに特別にお願いしたいです」→「折り入ってお願いごとがあります」となります。

日本人は「お願い」= please と考える人が多いですが、Could you please me? だと please が動詞になるため「私を満足させてくれますか？」なんて、とんでもない意味に。

よろしければご覧ください。

≫ と言いたくて

残念な直訳

Please look.

 ネイティブにはこう聞こえる!?　「じっと見てください」

 こう考えれば英訳できた！　「興味があれば、見てください」

ネイティブならこう言う

If you're interested, please have a look.

「よろしければ」は、「もしあなたが興味あれば」と解釈して If you're interested、「ご覧ください」は「ちょっとだけでも見てください」というニュアンスなので please have a look が一番イメージに近いでしょう。If you're interested, please have a look. で「もし興味があれば、ちょっとご覧ください」→「よろしければご覧ください」となり、気配りの感じられる気持ちのいい声かけになります。

一方、look は静止している物を見る際に使うため、Please look. は「じっと見てください」などと取られるかもしれません。

Part 2　お礼を言う・お願いする・断る・謝る　57

今、ちょっといいですか？

と言いたくて

残念な直訳

Can I have a little now?

⚠️ **ネイティブにはこう聞こえる!?** 「今、少しもらえますか？」

💡 **こう考えれば英訳できた！** 「少しお時間ありますか？」

ネイティブならこう言う

Do you have a moment?

話したいことがあり、相手に多少、時間をさいてもらいたい時に使う表現。「少しお時間ありますか？」と解釈するといいでしょう。a moment には「瞬間」の他に「ちょっとの間」の意味もあるので、Do you have a moment? で「ちょっと時間ありますか？」→「今、ちょっといいですか？」。Do you have a minute? や Can you spare me a minute? でも OK です。

英語を直訳したつもりの Can I have a little now? だと「今、少しもらえますか？」となり、言われた側は「a little（少し）って、何を少しほしいの？」と意味不明でしょう。

お時間は取らせません。

>> と言いたくて

残念な直訳

I don't take time.

 ネイティブには
こう聞こえる!?　「すぐにやります」

 こう考えれば
英訳できた!　「あなたの多くの時間を
取るつもりはありません」

ネイティブならこう言う

I won't take up much of your time.

　相談事などがある時、「お時間は取らせません」と声をかけ、話をする時間を取ってもらいますよね？　そんな時に使う言葉です。take up には「(時間を) 取る」という意味があるため、「あなたの時間の多く (much of your time) を取る (take up) つもりはない」→「お時間は取らせません」となります。

　それに対し take time は「時間がかかる」ですが、I don't take time. だと「私は時間がかかりません」→「私はすぐにやります」という意味になり、急にこう声をかけられても、相手は困るでしょう。

Part 2　お礼を言う・お願いする・断る・謝る

お忙しいところすみません。

≫ と言いたくて

残念な直訳

I'm sorry you are busy.

 ネイティブには
こう聞こえる!? 「忙しくて気の毒ですね」

 こう考えれば
英訳できた! 「とても忙しい時に邪魔をして
すみません」

ネイティブならこう言う

Sorry for interrupting you when you're so busy.

「お忙しいところすみません」とは、相手が忙しいとわかっているものの、何か用事があって話しかけたい時に使う言葉。まずは「邪魔をしてすみません（Sorry for interrupting you）」と謝罪し、「あなたがとても忙しい時に（when you're so busy）」と理解を示せば、あなたの頼みも聞き入れてくれるでしょう。Excuse me for disturbing you.（邪魔をしてすみません）も同じような意味になります。

I'm sorry you are busy. だと「忙しくて気の毒ですね」と哀れむ表現になり、気分を害する人がいるかもしれません。

どうぞお目通しください。

と言いたくて

残念な直訳

Please just read it once.

 ネイティブには
こう聞こえる!? 「一度だけ読んでください」

 こう考えれば
英訳できた！ 「ざっと目を通していただけますか？」

ネイティブならこう言う

Could you look it over?

「お目通しください」とは、初めから終わりまで、ざっと一通り見ること。「…にざっと目を通す」にあたる言葉、look over を使うといいでしょう。take/have a look を使って、Would you mind taking a look at it? や Maybe you could have a look at it? でも同じような意味になります。

「一度お目通しください」という意味に取って、Please just read it once. と言うと、ネイティブには「一度だけ読んでください」または「とりあえず読んでください」なんてニュアンスに聞こえてしまい、本来の意味とは異なります。

ご一読くださいますか？

≫と言いたくて

残念な直訳

Could you read it first?

「先に読んでくれますか？」

≫

「ざっと全体に目を通してもらえますか？」

≫

ネイティブならこう言う

Could you read through it?

「ご一読くださいますか」は、「ざっと（でよいので）全体に目を通していただけますか？」とお願いする際の表現。こんな時は、「一通り目を通す」にあたる言葉、read through を使うといいでしょう。look over や look through でも同じようなニュアンスになります。

一方、「ご一読」の「一」という文字につられて first を使い、Could you read it first? とすると、「（あなたが）先に読んでくれますか？」「まず読んでくれますか？」と異なる意味になります。

勝手なお願いですが…。

>> と言いたくて

残念な直訳

It's a selfish want.

ネイティブには
こう聞こえる!?　「自分勝手な欲望です」

こう考えれば
英訳できた！　「多くをお願いしているかも
　　　　　　　しれませんが…」

ネイティブならこう言う

This might be asking a lot, but ...

　相手にとって迷惑かもしれないけれども、それでもお願いしたい時の言い回しです。「勝手なお願い」を「多くをお願いしている（be asking a lot）」+「かもしれません（might）」と解釈し、相手に負担をかけている可能性を認識している旨を伝えつつ、「でも…（but ...）」と本来、伝えたい内容を続けましょう。似たような表現に、I'm sorry to trouble you, but ...（恐縮ですが…）もあります。

　一方、It's a selfish want. だと「自分勝手な欲望です」と、謙虚さのかけらもない願望になります。

そうしていただけると ありがたいのですが…。

≫と言いたくて

残念な直訳

It's really good for me.

 ネイティブにはこう聞こえる!? 「それは私にとってとても良い」

 こう考えれば英訳できた! 「あなたが…してくださると助かります」

ネイティブならこう言う

I would appreciate it if you could ...

相手の申し出を、謙虚に受け入れる際の言い回しです。ストレートに「ぜひお願いします！」と言うより、申し訳なさを出すのがポイント。I would appreciate it if you could ...（あなたが…してくださると助かります）の決まり文句を使うといいでしょう。I would appreciate it if you could call me.（お電話いただけると助かります）など、さまざまな応用表現も可能な、非常に使い勝手のいい言い回しです。

一方、It's really good for me. だと「それは私にとってとても良い」と、自分に対する言葉になります。

ご一考いただければ幸いです。

と言いたくて

残念な直訳

I'm happy if you think it once.

 ネイティブにはこう聞こえる!? 「一度だけ考えてくれたら幸せです」

 こう考えれば英訳できた! 「ご検討いただければ幸いです」

ネイティブならこう言う

I'm grateful for your consideration.

「ご一考いただければ幸いです」とは、何かを検討してもらいたい時に使う言葉。そのため「ご検討いただければ（for your consideration）」+「幸いです（I'm grateful）」と解釈するといいでしょう。Your consideration would be appreciated. でも「ご検討いただければありがたく思います」と、同じような意味になります。

「ご一考」の「一」という数字にこだわって I'm happy if you think it once. と訳すと、「一度だけ考えてくれたら幸せです」とニュアンスが変わってしまいます。

Part 2　お礼を言う・お願いする・断る・謝る

（あなたを）見込んでの お願いです。

>> と言いたくて

残念な直訳

It's a request to expect.

 ネイティブには こう聞こえる!? 「それは期待するための要求です」

 こう考えれば 英訳できた！ 「あなたなら当てにできると わかっています」

ネイティブならこう言う

I know I can count on you to do it.

　「見込んでのお願い」とは、何かしら期待できる相手に依頼する際の言葉。こんな時は count on ...（…を当てにする、…を頼りにする）を使い、I can count on you で「あなたは頼りにできる」→「あなたを見込んでいる」というニュアンスに。I know I can count on you to do it. で「あなたならそれをやると当てにできることがわかっています」→「（あなたを）見込んでのお願いです」となります。

　It's a request to expect. だと「期待するための要求です」と、何となく圧力を感じる言い方になります。

念のためにお聞きしますが…。

≫ と言いたくて

残念な直訳

I will ask for you just in case.

ネイティブには
こう聞こえる!?
「念のため、あなたに依頼するつもりです」

こう考えれば
英訳できた!
「念のため、あなたにたずねたいことがあります」

ネイティブならこう言う

I'd like to ask you something, just to make sure.

　念入りに、人に何かを確認する際の言い回しです。just to make sure で「念のため」ですが、これは just in case でも言い換え可能。「お聞きしますが」の部分は「あなたに何か聞きたいことがあるのですが」と考え、I'd like to ask you something と表現するといいでしょう。「…したい」は、ストレートな I want to ... より、I'd like to ... のほうが謙虚に聞こえるので、フォーマルな場ではこちらのほうが好まれます。

　ask for ... は「…に依頼する」なので、I will ask for you. だと「あなたに依頼するつもりだ」と異なる意味になります。

Part 2　お礼を言う・お願いする・断る・謝る

「特急」でお願いします。

≫ と言いたくて

残念な直訳

Please do it sooner.

 ネイティブには こう聞こえる!?　「もっと早くやってください」

≫

 こう考えれば 英訳できた！　「できる限り早くやってください」

≫

ネイティブならこう言う

Please do it ASAP.

　「特急で」とは、実際には「できるだけ早く」という意味合いで使われています。そのため「できるだけ早く」にあたる as soon as possible（略して ASAP）を使いましょう。Please do it ASAP. なら、ほぼ同じニュアンスに。ASAPは「できるだけ早く」の意味で、SNSなどでもおなじみです。

　sooner でも急かす意味になりますが、「もっと早く、より早く」なので、ASAP = as soon as possible（できるだけ早く）ほど強い意味にはなりません。ここは ASAP で、圧をかけましょう！

それはちょっと、どうかなと思います。

と言いたくて

残念な直訳

I think it's a little bit.

 ネイティブには こう聞こえる!?　「それはほんの少しだと思う」

 こう考えれば 英訳できた!　「それについてはさほど確信が持てない」

ネイティブならこう言う

I'm not so sure about that.

人の意見に口を挟む際に使う言葉が、「それはちょっと、どうかなと思います」。きっぱり「それは違う」と反論するわけではないので、「さほど確信が持てない (not so sure about that)」と解釈すれば OK。I'm not so sure about that. で「さほど確信が持てません」→「それはちょっと、どうかなと思います」です。I can't say anything definite about it.（それについては何とも言えない)」でもいいでしょう。

直訳で I think it's a little bit. とすると、「それはほんの少しだと思う」なんて意味に取られるかもしれません。

それはいたしかねます。

>> と言いたくて

残念な直訳

It's unreasonable.

 ネイティブにはこう聞こえる!? 「それは理不尽です」

 こう考えれば英訳できた! 「それはできません」

ネイティブならこう言う

I can't do that.

　「それはいたしかねます」とは、「それをすることはできない」ということを、丁寧かつキッパリと伝える際の言い回し。そのため、「それはできません」とストレートに言い切る I can't do that. を使うといいでしょう。もしくは、I'm unable to do that. でも、同様のニュアンスになります。

　しかし It's unreasonable. と言ってしまうと、「それは理不尽です（それは無理難題です、あんまりです）」と相手を責めているようなニュアンスになり、本来の意味とは変わってしまいます。

まったくダメというわけではありません。

≫と言いたくて

残念な直訳

It's not bad at all.

 ネイティブには こう聞こえる!? 「全然悪くない」

 こう考えれば 英訳できた! 「全部が悪くはない」

ネイティブならこう言う

It's not all bad.

いかにも日本人が間違えてしまいそうな表現です。「まったくダメというわけではありません」とは、「全部が悪くはない」ということ。そのため部分否定の not all ...（全部が…ではない）を使い、It's not all bad. で「それは全部が悪くはない」→「まったくダメというわけではない」となります。

しかしつい at を入れて、not ... at all だと「まったく…ない」と全否定になってしまいます。そのため It's not bad at all. だと「それはまったく悪くない」→「全然悪くない」と、異なる意味になるので要注意です。

今回は見送らせてください。

≫と言いたくて

残念な直訳

Please let me see you off this time.

 ネイティブには こう聞こえる!?　「今回はお見送りさせてください」

 こう考えれば 英訳できた！　「今回はお断りしなければいけないと思います」

ネイティブならこう言う

I think I'll have to pass this time.

　「今回は断ります」ということを、遠回しに表現したのが「今回は見送らせてください」。こんな時は「やめておく、遠慮する」の意味がある pass を用い、I'll have to pass this time.（今回は遠慮しなければいけない）に I think ...（…と思います）をつけ、やんわり伝えるといいでしょう。謙虚な断り方なので、こう言われて嫌な気持ちになる人はいません。

　「見送る」という言葉につられ see ... off を使ってしまうと、別れ際の「お見送り」の意味になってしまうので注意しましょう。

残念ですが
ご希望にそえません。

と言いたくて

残念な直訳

Unfortunately, I can't agree with your hope.

 ネイティブには こう聞こえる!? 「残念ですが、あなたの希望に同意できません」

 こう考えれば 英訳できた! 「残念ですが、あなたの要求に応じられません」

ネイティブならこう言う

Unfortunately, we are unable to satisfy your request.

いかにもビジネスで、よく使いそうなフレーズです。相手の要求に対応できないことを、丁寧に断る際の決まり文句で、「残念ですが (Unfortunately)」と切り出すのがポイント。まず謝罪し、それから要件を言うのがビジネス英語のお約束。「(ご希望に) そえません」は be unable to ... を使うと「…するのが難しい」というニュアンスがうまく出せ、また satisfy someone's request で「(人) の要望を満足させる」です。

「希望にそえない」を can't agree with your hope とすると、「希望に同意できない」となり意味が違います。

お役に立てず残念です。

≫と言いたくて

残念な直訳

I'm sorry that I won't help you.

ネイティブには
こう聞こえる!?　「すみませんが、お手伝いするつもりはありません」

こう考えれば
英訳できた！　「まったくお手伝いできず、すみません」

ネイティブならこう言う

I'm sorry that I couldn't be of any help.

　手伝えないことをお詫びする際の一言。まずは I'm sorry（すみません）と謝罪し、that 以下でお詫びの内容を続けるといいでしょう。be of any help で「助けになる、役に立つ」なので、I couldn't be of any help で「役に立つことができない」。can't ではなく couldn't を使うことで、婉曲的になります。

　うっかり I'm sorry that I won't help you. と言ってしまう人は多いですが、I won't help you だと「お手伝いするつもりはありません」なんて、ケンカを売っているようなフレーズになってしまいます。

上(上司)の理解がなくて…。

≫と言いたくて

残念な直訳

My boss doesn't have knowledge.

 ネイティブには
こう聞こえる!?　「上司は知識がない」

 こう考えれば
英訳できた!　「残念ながら、
　　　　　　　上司が理解しようとしません」

ネイティブならこう言う

I'm sorry that my boss wouldn't understand.

　商談でお断りする際、よく耳にするフレーズです。本来は、上司の理解が得られないために、先方からの提案を断る時に使う言葉ですが、上司を言い訳にして断る場合にも用いられます。「上司がどうしても理解しようとしない」と解釈し、my boss wouldn't understand と表現するといいでしょう。wouldn't で「…しようとしなかった」というニュアンスです。

　knowledge にも「理解」という意味はありますが、not have knowledge だと「知識がない」となるので、こんな発言を上司が知ったら、大目玉をくらうでしょう。

Part 2　お礼を言う・お願いする・断る・謝る

ご容赦ください。

と言いたくて

残念な直訳

Pardon me.

ネイティブには こう聞こえる!?　「すみません」

こう考えれば 英訳できた！　「どうぞ私の謝罪を受け入れてください」

ネイティブならこう言う

Please accept my apologies.

　何かヘマでもやらかして、謝る時のフレーズです。平身低頭して謝る際の決まり文句、Please accept my apologies.（私の謝罪を受け入れてください）なら、まさに同じようなイメージで使えるのでオススメ。accept someone's apologies で「…の詫びを受け入れる」です。Please forgive my mistake.（私の過失をお許しください）でも似たニュアンスになります。

　Pardon me.（すみません）は人にぶつかった時、また見知らぬ人に話しかける時の決まり文句のため、平身低頭の謝罪にはなりません。人によっては気分を害すでしょう。

お話は承りました。

 と言いたくて

残念な直訳

I heard your story.

 ネイティブには こう聞こえる!? 「あなたの物語は聞いた」

 こう考えれば 英訳できた! 「私に何ができるか考えてみます」

ネイティブならこう言う

I'll see what I can do.

　先方の話を取りあえず聞いたものの、現時点ではすぐに決断をくださず、先延ばしする際の言い回し。いかにも日本人らしい、遠回しな表現です。そのため直訳の I heard your story. だと「あなたの物語を聞きました」と、ただ話を聞いただけの意味になってしまいます。

　「(話を聞いた上で) 私に何ができるか考えてみます」と意訳し、I'll see (考えてみます) + what I can do (私に何ができるか) と表現するといいでしょう。これなら結論を先延ばしするニュアンスが、うまく相手にも伝わります。

Part 2　お礼を言う・お願いする・断る・謝る

お気を悪くなさらないでください。

と言いたくて

残念な直訳

Don't feel desperate.

⚠ ネイティブにはこう聞こえる!?　「ヤケクソにならないで」

💡 こう考えれば英訳できた!　「気を悪くしないで」

ネイティブならこう言う

No offense.

意外かもしれませんが、これは No offense. の2語で OK！No offense. で「気を悪くしないでね、悪く思わないでね」となります。offense にはそもそも「無礼、悪意、気を悪くさせるもの」などの意味があるため、No offense. で「悪気はない」→「気を悪くしないで」。No offense was meant. や No offense intended. でも、似た意味合いになります。

一方、desperate で「絶望的な」ですが、Don't feel desperate. だと「自暴自棄にならないで」→「ヤケクソにならないで」なんてニュアンスになります。

予定がまだ見えません。

>> と言いたくて

残念な直訳

I can't see my schedule.

 ネイティブには
こう聞こえる!? 「何らかの理由で予定表が見えない」

 こう考えれば
英訳できた！ 「私の予定はまだ未確定です」

ネイティブならこう言う

My schedule is still up in the air.

「予定がまだ見えません」とは、まだ予定が確定しておらず、先の見通しが立たない時に使う言い回し。「未確定の、宙に浮いている」にあたる up in the air を使うといいでしょう。My schedule is still up in the air. で「私の予定はまだ宙に浮いている」→「予定がまだ見えません」となります。

しかし see を使って I can't see my schedule. と表現すると、「（予定表の上に物が被さっているなど、何らかの理由で）予定表が見えない」と「予定表が見える・見えない」の話に誤解されるかもしれません。

Part 2　お礼を言う・お願いする・断る・謝る　79

一度、社に持ち帰ります。

≫と言いたくて

残念な直訳

I'll take it back to my company one time.

 ネイティブには
こう聞こえる!? 「1度だけ社に持ち帰ります」

≫

 こう考えれば
英訳できた! 「社内で議論できるよう
持ち帰らせてください」

≫

ネイティブならこう言う

Let me take it back to the office so we can discuss it.

　社外で即決できない問題を、自社に持ち帰って話し合うための時間がほしいと要望する際の決まり文句です。英語は主語と動詞、目的語を明確にしなければ通じないので、「それを社内で議論できるよう (so we can discuss it)、オフィスに持ち帰らせてください (Let me take it back to the office)」と解釈するといいでしょう。Let me ... so〜で「〜するよう…させて」です。

　take it back to my company one time だと、「1度だけ会社に持ち帰ります」と物を移動させるイメージになります。

それはもったいない。

≫ と言いたくて

残念な直訳

You are a waste.

 ネイティブにはこう聞こえる!?　「あなたはどうしようもないヤツだ」

 こう考えれば英訳できた！　「なんと無駄なのでしょう」

ネイティブならこう言う

What a waste.

　「それはもったいない」とは、何かが無駄に浪費されていることに対し、惜しむ気持ちを表現したフレーズ。やや非難めいたニュアンスがあるので、感嘆文を使って「なんてもったいない（What a waste.）」と表現すると、うまく惜しむ気持ちが表せるでしょう。
　「あなた、それはもったいないですよ」と言うつもりで You are a waste. と言ってしまうと、waste には「無駄、不要の」という意味もあるので、「あなたはどうしようもないヤツだ」なんて取られる可能性も。ご注意を！

あいにく先約がありまして。

> と言いたくて

残念な直訳

I'm afraid I have a first promise.

 ネイティブにはこう聞こえる!?　「残念ながら一番の約束があります」

 こう考えれば英訳できた!　「残念ながら前の約束があります」

ネイティブならこう言う

I'm afraid I have a previous appointment.

　先に決めた約束があり、新しい約束を断らざるをえない時の謝罪フレーズです。「残念ながら（I'm afraid）」+「先約がある（I have a previous appointment）」と言えば、うまく表現できます。appointment と promise の両方とも「約束」ですが、appointment が「（あらかじめ決まった時間と場所で何かを行う）約束、予約」であるのに対し、promise は「（人と人との）約束」なので、仕事の打合せは appointment です。

　「先約」を first promise とすると「一番の約束」となってしまい、これでは「前の約束」という意味にはなりません。

ちょっと誤解があるようですが。

≫と言いたくて

残念な直訳

You made a mistake.

ネイティブには
こう聞こえる!?　「あなたは間違いを犯した」

こう考えれば
英訳できた！　「誤解が存在するようだ」

ネイティブならこう言う

There seems to be a misunderstanding.

　相手の認識が間違っていると思われる時に、それをやんわりと指摘する表現です。「間違い」とストレートに言わず、「誤解（misunderstanding）」という言葉を使って遠回しに伝えるのがポイント。「…があるようですが」は、確信は持てないものの「…のようだ、…らしい」という曖昧なニュアンスになる There seems to be ... を使えば、相手もミスを素直に受け入れてくれるでしょう。

　ストレートに You made a mistake.（あなたは間違いを犯した）と言ってしまうと、険悪なムードになるかもしれません。

私の記憶違いかも しれませんが…。

と言いたくて

残念な直訳

Maybe I have a bad memory, but ...

 ネイティブには こう聞こえる!? 「多分、私の記憶力が悪いのですが…」

 こう考えれば 英訳できた! 「私の記憶に間違いなければですが…」

ネイティブならこう言う

If my memory serves me right, but ...

　相手の話が自分の記憶しているものと異なる時、相手を尊重しながらそれを指摘する際の言い回しです。If my memory serves me right は「私の記憶に間違いなければ」という決まり文句で、If my memory serves me right, the next meeting is on Friday. なら「私の記憶に間違いなければ、次の会議は金曜日だ」となります。right のかわりに correctly でも OK です。

　一方、I have a bad memory だと「自分の記憶力が悪い」という異なるニュアンスになります。

もう勘弁してくださいよ。

≫ と言いたくて

残念な直訳

Please forgive me.

 ネイティブには こう聞こえる!?　「私を許してください」

 こう考えれば 英訳できた！　「もうたくさんだ（冗談じゃない）」

ネイティブならこう言う

Give me a break.

　「もう勘弁してくださいよ」は、さんざん意に染まないことをされ、もういい加減やめてほしいと文句を言う際に使うフレーズ。こんな時は、「もうたくさんだ（冗談じゃない）」にあたる言葉、Give me a break. を使うといいでしょう。break には「休み、切断」といった意味があり、Give me a break. で「休ませてくれ」→「勘弁してくれ」です。

　「勘弁してください」を「許してください」と取り Please forgive me. だと、こちらが謝罪して許しを乞うフレーズに。文句が謝罪になり、ニュアンスが変わってしまいます。

ご迷惑をおかけして すみません。

と言いたくて

残念な直訳

I feel sorry for you.

 ネイティブには こう聞こえる!? 「お気の毒に」

 こう考えれば 英訳できた! 「あなたに面倒をもたらしてすみません」

ネイティブならこう言う

I'm sorry for causing you trouble.

「ご迷惑をおかけしてすみません」は、自分のしたことが相手を困らせてしまった時に使うお詫びの言葉。あなたに「面倒なこと (trouble)」を「もたらして (cause)」「すみません (I'm sorry for ...)」と解釈しましょう。for の後なので、causing と ing 形になります。trouble のかわりに annoyance (迷惑、不快感) や inconvenience (不便) を使っても OK。

sorry は謝る際の言葉ですが、I feel sorry for you. は「お気の毒に」と相手を哀れむ言葉になってしまうので NG。謝罪するどころか、相手を不愉快にさせるでしょう。

ご理解ください。

≫ と言いたくて

残念な直訳

You should understand.

 ネイティブには こう聞こえる!? 「あなたならわかるはずだが」

 こう考えれば 英訳できた！ 「私の状況を理解してくれますように」

ネイティブならこう言う

I hope you can understand my situation.

「こちらの状況をわかってください」と相手に理解を求める表現なので、「あなたが…をわかりますように（I hope you can understand ...）」の後に、「私の状況（my situation）」を続ければOK。Please understand me. でもいいですが、これだと「理解してください（どうして理解してくれないの？）」というニュアンスになる場合もあります。

これを You should understand. と言ってしまうと、「あなたならわかるはずだ（でもそうしようとはしないでしょう）」と、やや押しつけがましい言い方になってしまいます。

Part 2　お礼を言う・お願いする・断る・謝る　87

いただいたお電話ですみません。

〉〉〉と言いたくて

残念な直訳

I'm sorry to say something when you called me.

 ネイティブにはこう聞こえる!?　「電話をもらった時、しゃべってすみません」

 こう考えれば英訳できた！　「ちょうどお電話しようと思っていました」

ネイティブならこう言う

Actually, I was just going to call you.

　電話がかかってきて、相手の用件を聞いた後、そのままこちらの用件も伝える際の一言です。こんな時、つい日本人は「すみません」と謝ってしまいますが、本来、この状況で謝罪は不要のはず。I'm sorry to say something when you called me. などと謝られたら、「なぜいちいち、そんなことを言うの？」と、かえって不審がられます。

　こんな時は「実は、ちょうどお電話しようと思っていました（Actually, I was just going to call you.）」と言えば、こちらから用件を言っても、誰も問題にしません。

言葉足らずでした。

と言いたくて

残念な直訳

I didn't use enough words.

 ネイティブには こう聞こえる!?　「十分な言葉を使わなかった」

 こう考えれば 英訳できた！　「私の説明が十分ではありませんでした」

ネイティブならこう言う

I didn't explain myself very well.

「言葉足らずでした」とは、こちらの説明が相手に十分に伝わっていなかった時に使う決まり文句。「自分の考えをあまりうまく説明できなかった」と解釈し、I didn't explain myself very well. と訳すといいでしょう。explain oneself で「自分の考えを説明する」、not ... very well で「あまりよくない」です。

しかし英語で I didn't use enough words.（十分な言葉を使わなかった）と言っても、「enough words（十分な言葉）ってどういうこと？」と思われるのが関の山でしょう。

Part 2　お礼を言う・お願いする・断る・謝る

心よりお詫び申し上げます。

>> と言いたくて

残念な直訳

I'm sorry from my heart.

 ネイティブには こう聞こえる!?　「心臓のあたりから残念に思う」

 こう考えれば 英訳できた！　「心の底からお詫びをしたいです」

ネイティブならこう言う

I would like to apologize from the bottom of my heart.

　こちらに非があり、心からの反省と謝罪の気持ちを表す際に使う言葉です。「心から」は、日本語にも「心底反省する」という表現があるように、from the bottom of my heart（心の底から）を使うといいでしょう。I would like to apologize（お詫びをしたいです）＋ from the bottom of my heart（心の底から）で「心よりお詫びをしたいです」となります。

　「心底」を from my heart とすると、death from heart attack（心臓発作による死）などもあることから、「心臓から残念に思う」なんて取られる可能性があるかもしれません。

軽はずみな行動でした。

≫ と言いたくて

残念な直訳

I did it lightly.

ネイティブには
こう聞こえる!?　「私はそれを軽快に行った」

こう考えれば
英訳できた!　「それは軽率な行動でした」

ネイティブならこう言う

It was a rash move.

　深い考えなしに行動してしまい、申し訳なく思っている時に使う謝罪の言葉。そのため「それは軽率な行動でした」と解釈し、a rash move（軽率な行動）を使いましょう。自らの行動を rash（軽率な、軽はずみな）と蔑むことで、反省していることが伝わります。同様の表現で、a rash decision なら「軽はずみな決断」、a rash attempt で「軽はずみな試み」です。

　直訳で I did it lightly などと言おうものなら、「私はそれを軽快に行った」となり、謝罪どころか、相手を怒らせてしまうかもしれません。

誠心誠意
取り組ませてもらいます。

≫ と言いたくて

残念な直訳

I'll do my hardest.

 ネイティブには こう聞こえる!? 「一番硬いのをやります」

 こう考えれば 英訳できた! 「可能な限り頑張ります」

ネイティブならこう言う

I'll work as hard as I can.

　一生懸命に頑張る気持ちを伝える言い回しが、「誠心誠意取り組む」。「可能な限り (as hard as I can)」+「取り組みます (I'll work)」で、I'll work as hard as I can.（可能な限り取り組みます→誠心誠意取り組ませてもらいます）となります。work には「働く」だけでなく、「取り組む、努力して進む」というニュアンスもあると覚えておきましょう。

　「一生懸命」のイメージで、「ものすごくハードにやる」と解釈して do one's hardest と訳したくなる気持ちはわかりますが、これだと「一番硬いのをやります」と謎の文に…。

お詫びの言葉もございません。

と言いたくて

残 念 な 直 訳

I don't know how to apologize.

ネイティブには
こう聞こえる!?　「謝罪の仕方を知りません」

こう考えれば
英訳できた!　「どうやってお詫びすればいいか
　　　　　　　わかりません」

ネイティブならこう言う

I don't know how I can apologize.

　相手に大変な迷惑をかけてしまい、謝罪してもしきれないほど申し訳ない気持ちを表す決まり文句。「どうやってお詫びするのか (how I can apologize)」+「わからない (I don't know)」と考えるといいでしょう。「お詫びの言葉もございません」だけでなく、「お詫びのしようもありません」「どうお詫びをすればいいか…」などの決まり文句にも相当します。

　しかしこれを I don't know how to apologize. と言ってしまうと、「謝罪の仕方を知りません」などという失礼極まりない一言に。ちょっとした違いで、イメージは大きく変わります。

Part 2　お礼を言う・お願いする・断る・謝る

お騒がせしました。

 と言いたくて

残念な直訳

I'm sorry you're a bother.

 ネイティブには こう聞こえる!?　「あなたが厄介者ですみません」

 こう考えれば 英訳できた!　「邪魔をしてすみません」

ネイティブならこう言う

I'm sorry for bothering you.

「お騒がせしました」とは、相手に迷惑をかけた時の謝罪の言葉。そのため「邪魔をしてすみません」と解釈し、I'm sorry for bothering you. と表現すればOK。会話では、Sorry for bothering you. と短縮した形でよく使われます。I apologize for troubling you. や Sorry for the trouble.、Apologies for the trouble. などと言ってもいいでしょう。

bother は動詞だと「…の邪魔をする」ですが、名詞だと「厄介（者）」。そのため I'm sorry you're a bother. だと「あなたが厄介者ですみません」となり、これでは怒られてしまいます。

あってはならないことでした。

≫ と言いたくて

残念な直訳

It shouldn't.

 ネイティブには こう聞こえる!? 「そのはずはない」

 こう考えれば 英訳できた！ 「それは起こるべきではなかった」

ネイティブならこう言う

It shouldn't have happened.

　起こるべきではないことが現実に起こってしまい、それを後悔する際の一言。こんな時は「…すべきではなかった（It shouldn't have ...）」のフレーズを使い、「それは起こるべきではなかった（It shouldn't have happened.）」と表現しましょう。shouldn't have ... は何かを後悔する際のフレーズで、I shouldn't have bought. なら「買うべきではなかった」、I shouldn't have done it. なら「やるべきではなかった」です。

　It shouldn't. だけだと「そのはずはない」となり、「あってはならないことでした」ほどのニュアンスにはなりません。

感情的になってゴメン。

≫ と言いたくて

残念な直訳

Sorry for my emotions.

 ネイティブには こう聞こえる!?　「感情を見せてすみません」

 こう考えれば 英訳できた！　「感情的になりすぎてゴメン」

ネイティブならこう言う

Sorry for getting so emotional.

　周囲の目があるにも関わらず、つい感情的になりすぎてしまった時に使われる謝罪表現です。「ゴメン」は謝罪なので Sorry for ... や I'm sorry for ... を使のは、もうわかりますよね？「感情的になって」は get emotional を使い、強調表現の so を入れて Sorry for getting so emotional. とすると、「感情的になりすぎて我を忘れた」ニュアンスがうまく出せるでしょう。

　名詞の emotion にも「感情」の意味がありますが、Sorry for my emotions. だと「感情的になりすぎてゴメン」ほどの強いニュアンスにはなりません。

すみません、大丈夫ですか？

>> と言いたくて

残念な直訳

Excuse me. Are you fine?

 ネイティブには こう聞こえる!?　「すみません。元気ですか？」

 こう考えれば 英訳できた！　「すみません。大丈夫ですか？」

ネイティブならこう言う

Oh, sorry. Are you okay?

電車内で人の足を踏んだ時など、人に迷惑をかけてとっさに言う謝罪の一言です。このような時は悪気がなかったことをアピールするため、Oh, sorry.（あ、すみません）と驚きながら言うといいでしょう。そのあとに Are you okay?（大丈夫ですか？）などと続ければ完璧。Oh, は驚きだけでなく、喜びや悲しみなどの感情も表せるので、非常に便利です。

しかしこれを Excuse me. Are you fine? とすると、道ゆく人に Excuse me.（すみません）と声をかけ、Are you fine?（元気ですか？）と聞いているイメージになります。

Part 2　お礼を言う・お願いする・断る・謝る　　97

以後、気をつけます。

≫ と言いたくて

残念な直訳

I'll be careful from now on.

 ネイティブには こう聞こえる!? 「今からは気をつけます」

≫

 こう考えれば 英訳できた！ 「今後はもっと気をつけます」

≫

ネイティブならこう言う

I'll be more careful in the future.

何か迷惑をかけてしまった時に謝罪する際の言い回し。「今後は (in the future) もっと気をつけます (I'll be more careful)」と表現するといいでしょう。「以後…します」と先々のことを言う時は、I'll ... in the future. のフレーズが使えます。

「以後」を「これから」と考え、from now on を使う人がいますが、I'll be careful from now on. だと「（今までは全然、気をつけていなかったけれど）今からは気をつけます」なんて意味になってしまうので、これこそ気をつけましょう！

言いすぎました。

≫ と言いたくて

残念な直訳

I said too much.

 ネイティブには こう聞こえる!? 「本当のことをたくさん言った」

 こう考えれば 英訳できた！ 「ごめん、度がすぎた」

ネイティブならこう言う

Sorry, I went too far.

相手にひどいことを言ったり、過度に怒りすぎてしまった時の謝罪のフレーズです。go too far で「度がすぎる、やりすぎる」なので、謝罪の sorry をつけて、Sorry, I went too far. で「（すみません）言いすぎました」となります（「ごめん、遠くに行きすぎた」ではありませんよ！）。ちなみに「それはやりすぎだ」と指摘するなら、That's going too far. です。

一方、I said too much. だと、単に「言いすぎた」だけでなく、「本当のことをたくさん言った」というニュアンスになり、謝罪にはなりません。

勘違いでした。

≫と言いたくて

残念な直訳

I was confusing.

 ネイティブにはこう聞こえる!? 「私はわかりにくいヤツだった」

 こう考えれば英訳できた！ 「それは誤解だった」

ネイティブならこう言う

It was a misunderstanding.

　何か考え違いをしていたことを認め、謝罪する際の一言。misunderstanding（誤解）を使い、「それは勘違いでした（It was a misunderstanding.）」と素直に表現すればOK。「あなたを誤解していた」と言うなら、I misunderstood you. です。

　これを I was confusing. と言ってしまうと、confusing は「わかりにくい、紛らわしい、ややこしい」という形容詞なので、「私はわかりにくいヤツだった」なんて、意味不明の文に。confuse を使って「混乱した、勘違いした」と言うなら confused（混乱した）を使い、I was confused. です。

ご心配おかけしてすみません。

>>> と言いたくて

残念な直訳

I'm sorry for fearing you.

 ネイティブには こう聞こえる!? 「怖がらせてすみません」

 こう考えれば 英訳できた！ 「あなたに心配させて申し訳ない」

ネイティブならこう言う

I'm sorry for worrying you.

　自分を気遣ってくれた人への、謝罪の気持ちを込めたお礼の言葉です。worry で「心配させる、悩ます」なので、I'm sorry for ...（…してすみません）の後に worrying you（あなたを心配させて）を続けましょう。for の後なので、動詞は ing 形にするのを忘れずに！

　名詞の fear には「心配、不安」だけでなく、「恐れ、恐怖心」という意味もあります。そのためネイティブに I'm sorry for fearing you. と言うと、「怖がらせてすみません」なんて意味に受けとられてしまうので注意しましょう。

この諺、日本語で言えますか？ 【中級編】

【問題】次の英語の諺を日本語にしてください

1 Save for a rainy day.
2 Failure teaches success.
3 Even a worm will turn.
4 You can't see the forest for the trees.
5 Practice makes perfect.
6 Easier said than done.
7 Too many cooks spoil the soup.
8 Evil communications corrupt good manners.
9 Who likes not his business, his business likes not him.
10 All work and no play makes Jack a dull boy.

【答え】

1 備えあれば憂いなし
2 失敗は成功のもと
3 一寸の虫にも五分の魂
4 木を見て森を見ない
5 習うより慣れろ
6 言うは易し行なうは難し
7 船頭多くして、船、山に上る
  (料理人が多いとスープがまずくなる)
8 朱に交われば赤くなる
9 好きこそ物の上手なれ
10 よく学び、よく遊べ

Part 3

話しかける
あいさつ
雑談
メール

「差し支えなければ…」と気遣いを見せたい時、また「いいお湯でした」とお礼を言いたい時、英語でどう声をかければいいでしょう？ そんな「いざという時の一言」がここでわかります！

ご無沙汰しております。

と言いたくて

残念な直訳

I can't see you for a long time.

 ネイティブには こう聞こえる!?　「長い間、お会いできません」

 こう考えれば 英訳できた！　「長い時間が経ちました」

ネイティブならこう言う

It's been a long time.

久しぶりに会う人への挨拶で、目上の人やビジネスシーンで使われるフォーマルな表現が「ご無沙汰しております」です。英語にもまさにドンピシャな決まり文句があり、It's been a long time. で「（あなたと最後に会ってから）長い時間が経ちました」→「ご無沙汰しております」となります。It's been a while. や Long time no see. でも、「久しぶり」と同様の意味になります。

それに対し、I can't see you for a long time. だと「（これから）長い間、お会いできません」と、しばらく相手に会えないことを詫びる表現になります。

お元気そうですね。

≫ と言いたくて

残念な直訳

You look fine.

 ネイティブには こう聞こえる!?　「問題なさそうに見えるけど」

 こう考えれば 英訳できた！　「あなたは元気そうに見える」

ネイティブならこう言う

You're looking great.

　久しぶりに会った人への社交辞令的な挨拶として、よく使われるフレーズです。look well で「元気そうに見える」なので、**You're looking great.** と現在進行形にすると「(まさに今あなたは) 元気そうに見える」→「お元気そうですね」となります。

　You look fine. も日本語にすると「お元気そうですね」ですが、これは「(具合が悪いって聞いていたのに) 元気そうじゃない」「(なぜ休んでるの？) 問題なさそうだけど」という、やや批判的なニュアンスが含まれる場合もあります。

お変わりありませんね。

≫ と言いたくて

残念な直訳

You're always the same.

 ネイティブには こう聞こえる!? 「あなたはいつも同じだ（悪い癖が直らない・成長しない）」

 こう考えれば 英訳できた！ 「あなたは少しも変わらなかった」

ネイティブならこう言う

You haven't changed at all.

　年配者や目上の人に久しぶりに会い、「以前と変わりませんね（変わらずお若いですね）」と持ち上げるなら、どのように言えばいいでしょうか？　この場合「前に会った時（過去）から現在まで継続している状況」を表す現在完了形を用い、You haven't changed at all. と言えばOK！　not ... at all にすることで「まったく変わらない」→「若いまま」と強調されるのがポイントです。

　You're always the same. だと、ネイティブはこれを「あなたはいつも同じだ」→「悪い癖が直らない・成長しない」とネガティブに取る可能性があり、おススメできません。

その後、いかがですか？

≫ と言いたくて

残念な直訳

How have you been after that?

ネイティブには こう聞こえる!?　「あの出来事の後、どうしてた？」

こう考えれば 英訳できた！　「その後どうしてた？」

ネイティブならこう言う

How have you been since we last met?

　「その後、いかがですか？」は最後に会って以来、連絡を取っていなかった人に近況を聞く際の言い回し。ある程度の期間について聞いているので、現在完了形を使って「最後に会った時からずっとどうしていましたか？（How have you been since we last met?）」と言うといいでしょう。How have you been? や How have you been doing? でも OK です。

　現在完了形とはいえ、How have you been after that? だと after that は具体的な出来事を指すため、「あの出来事の後、どうしてた？」と異なるニュアンスになってしまいます。

Part 3　話しかける・あいさつ・雑談・メール　107

これはこれは、
珍しいところで(会いましたね)。

と言いたくて

残念な直訳

I saw you in a strange place.

 ネイティブには こう聞こえる!?　「変わった場所であなたに会った」

 こう考えれば 英訳できた！　「あなたにここで会うことは 期待していなかった」

ネイティブならこう言う

Oh, it's you! I'm so surprised.

　思わぬ所で知人に会い声をかけるなら、どのように言えばいいでしょう？　言葉通りに英訳してもうまく表現できないので、「ああ、あなたですか！（ここで会うとは思っていなかったので）驚きました」と意訳すると、ニュアンスがうまく出せます。Oh, it's you! とまずは声をかけ、I'm so surprised.（とても驚きました）と言えば、予期せぬ所で出会った驚きを伝えられます。

　I saw you in a strange place.（変わった場所であなたに会った）は単なる直訳のため、「会えるとは思わなかった」という驚きは含まれません。

（初対面で）よろしくお願いします。

残念な直訳

Please work with us.

 ネイティブには こう聞こえる!?　「協力してください／一緒に働いてください」

 こう考えれば 英訳できた！　「一緒に働けるのを楽しみにしてます」

ネイティブならこう言う

I look forward to working with you.

「よろしくお願いします」は初対面の挨拶だけでなく、人に何かを頼む時など、さまざまな状況で使えるお役立ちフレーズ。そのままイコールになる英語はないので、これから共に何かをやる際の挨拶なら、「一緒に働くこと（work with you）」を「楽しみにする（look forward to）」と考えましょう。look forward to の後の動詞は ing 形にするのを忘れずに！

Please work with us. だと「一緒に働いてください」→「ちゃんと協力してください」なんて文句を言っているように聞こえる可能性があるかも？

差し支えなければ…。

≫と言いたくて

残念な直訳

If it doesn't matter ...

 ネイティブには こう聞こえる!? 「重要でなければ…」

 こう考えれば 英訳できた！ 「もしそれで大丈夫なら…」

ネイティブならこう言う

If it's okay ...

　何かを依頼するにあたり、不都合でなければ…と条件提示する際の言い回しです。事前にこう伝えれば、「OK するか、しないかはあなた次第」ですから、シンプルに If it's okay ...（もしそれで大丈夫なら…）と言い換えればいいでしょう。「差し支えなければ住所を教えてもらえますか？」なら、If it's okay, could I have your address? です。

　しかしそれを If it doesn't matter ... とすると、matter には「重要である」の意味もあることから、「もし重要でなければ…」となってしまい、ニュアンスが変わってしまいます。

ご都合がよろしければ…。

≫と言いたくて

残念な直訳

If you don't have a schedule ...

 ネイティブにはこう聞こえる!?　「スケジュール帳を持っていなければ…」

 こう考えれば英訳できた!　「もし都合が良ければ…」

ネイティブならこう言う

If it's convenient for you ...

人を何かに誘いたい時、よく「ご都合がよろしければ」と前置きをしますね？ この「都合が良い」にあたる英語がconvenient で、If it's convenient for you で「それがあなたにとって都合が良ければ」→「ご都合がよろしければ」となります。アポなどを取る際に使う決まり文句で、「明日都合が良ければ立ち寄ってください」なら、If it's convenient for you, please come by tomorrow. です。

If you don't have a schedule ... だと、「もしスケジュール帳を持っていなければ…」なんて意味になるのでご注意を！

軽く、どう？

≫ と言いたくて

残念な直訳

How about drinking?

 ネイティブには
こう聞こえる!? 「飲酒についてどう思いますか？」

 こう考えれば
英訳できた！ 「お酒を一杯いかがですか？」

ネイティブならこう言う

How about a drink?

　同僚との仕事帰り、つい口にしたくなるフレーズです。「軽く、どう？」とは、「少しお酒でも飲んでいきませんか？」と人を誘う際の言い回し。How about ...? で「…はどうですか？」、また「軽く」は「お酒一杯（a drink）」なので、How about a drink? と表現するといいでしょう。「…しましょう」と少し積極的に誘うなら、Let's have a drink. でも OK です。

　しかし How about drinking? だと drink は動詞で「お酒を飲む」なので、「飲酒についてどう思いますか？」なんて意味になってしまいます。

トムがいないと
始まらないよ！

≫と言いたくて

残念な直訳

It won't start without Tom.

 ネイティブには
こう聞こえる!? 「トムがいないと（エンジンが）起動しない」

 こう考えれば
英訳できた！ 「トムなしでは始めることができない」

ネイティブならこう言う

We can't start without Tom.

「…がいないと始まらないよ」とは、重要人物なので、ぜひ参加してほしいと伝える際の、多少ヨイショも込めた誘い文句。start without（…抜きで始める）のフレーズを使い、can't start without Tom と言えば「トムなしでは始められない」→「（トムがいないと）始まらないよ！」と、ほぼ日本語と同じニュアンスで表現できます。

しかし主語が It だと「それはトムなしではスタートしない」と、エンジンか何かが起動しないイメージになってしまいます。

ご活躍と伺っております。

と言いたくて

残念な直訳

I heard rumors about you.

 ネイティブには
こう聞こえる!? 「あなたの悪い噂を聞いています」

 こう考えれば
英訳できた！ 「あなたについてたくさんの良いことを聞いています」

ネイティブならこう言う

I hear good things about you.

　良い評判を耳にしていることを伝えるほめ言葉です。「ご活躍」＝「良いことをしている」と解釈し、「あなたについてたくさんの良いことを（good things about you）聞いている」と表現するといいでしょう。good things のかわりに good reputation（良い評判）でも同じような意味になります。

　しかし「あなたの噂を聞いている」と考え rumor を使うと、rumor には「噂」の他に「陰口、流言」といったネガティブなニュアンスもあるため、「あなたの悪い噂を聞いています」なんて意味になり、相手が気分を悪くするかもしれません。

遅くまで大変ですね。

≫ と言いたくて

残念な直訳

It's hard for you to work late.

 ネイティブには こう聞こえる!? 「あなたが遅くまで働くのは難しい」

 こう考えれば 英訳できた! 「遅くまで働かなければならないとは大変ですね」

ネイティブならこう言う

It's too bad you have to work so late.

　自分より遅くまで働いている人にかける、労いの言葉です。「そんなに遅くまで働かなければならない（you have to work so late）」のは「とても大変だ（It's too bad）」と解釈するといいでしょう。too bad には、「気の毒だ」というニュアンスが込められます。

　しかし It's hard for you to work late. だと、「遅くまで働く（work late）」のは「あなたにとって難しい（It's hard for you）」、つまり「あなたが遅くまで働くのは難しい」となり、意味が変わってしまいます。

落ち着いたら
一杯行きましょう。

≫ と言いたくて

残念な直訳

After you calm down, let's go get a drink.

 ネイティブには
こう聞こえる!?　「あなたのヒステリーが収まったら、一杯行きましょう」

 こう考えれば
英訳できた！　「物事が落ち着いたら、一杯飲みに行きましょう」

ネイティブならこう言う

**After things calm down,
let's go get a drink.**

　「今は仕事が忙しいけれど、仕事が一段落ついたらお酒でも飲みに行きましょう」と声をかける際の決まり文句。「落ち着いたら」は「諸々のことが沈静化したら」と考え After things calm down、「一杯行きましょう」は「一杯飲みに行きましょう」で let's go get a drink と表現しましょう。

　うっかり After you calm down と言ってしまうと、「あなたが落ち着いたら」→「あなたのヒステリーが収まったら」なんて意味になり、「私、そんなにヒステリー起こしてますか？」と逆ギレされるかもしれません。

いい雰囲気(の店)ですね。

>> と言いたくて

残念な直訳

The place is very moody.

 ネイティブには こう聞こえる!? 「その場所はとても物悲しいですね」

 こう考えれば 英訳できた! 「この場所はいい雰囲気を持ってますね」

ネイティブならこう言う

This place has a nice atmosphere.

居心地のいい、くつろげるようなお店を見つけた時に、「いい雰囲気ですね」と言います。have a nice atmosphere で「(空間・仲間などが)良い雰囲気である」という意味なので、This place has a nice atmosphere. で「この場所はいい雰囲気を持っている」→「いい雰囲気(の店)ですね」となります。

日本語では「いいムードですね」とも表現するため、The place is very moody. と言う人もいるでしょうが、moody の意味は「(雰囲気や場所などが)物悲しい」。そんな風に言われたら、お店の人はがっかりするでしょう。

場所、変えましょうか?

と言いたくて

残念な直訳

Would you like to change seats?

 ネイティブにはこう聞こえる!?　「席を交換したいのですか?」

 こう考えれば英訳できた!　「どこか別の場所へ行くべきですか?」

ネイティブならこう言う

Should we go somewhere else?

　周りがうるさくて気になる、人が大勢いて内緒話ができない…などの理由で、他の場所へ移るよう提案する際の言い回しです。Should we ...?（…すべきですか?、…しましょうか?）を使い、Should we go somewhere else?（どこか他へ行きましょうか?）と言えば、同じようなニュアンスに。Should we go somewhere more quiet?（もっと静かな場所へ行きましょうか?）でもOKです。

　しかし「場所を変える」をchange seatsと表現すると、「席を交換したいのですか?」なんて意味になるので要注意です!

同席させてもらっても いいですか？

≫と言いたくて

残念な直訳

Can I sit in the same seat?

 ネイティブには こう聞こえる!?　「同じ1つのイスに座っていいですか？」

 こう考えれば 英訳できた！　「あなたと一緒に座ることができますか？」

ネイティブならこう言う

Can I sit with you?

「同席させてもらってもいいですか？」とは、ほかに席が空いていない時、同じテーブルをシェアしてもいいかたずねる際のフレーズです。

「同席」の「席」という言葉にまどわされて seat を使い、Can I sit in the same seat? と言ってしまうと「同じ1つのイスに座ってもいいですか？」なんて意味になり、相手を驚かせてしまうかもしれません。

この場合、「あなたと一緒に座ることができますか？」と解釈し、Can I sit with you? と言えば誤解されません。

見てるだけです、ありがとう。

と言いたくて

残念な直訳

I'm just watching. Thank you.

 ネイティブには
こう聞こえる!?　「ただ観察しているだけです。ありがとう」

 こう考えれば
英訳できた！　「ただ眺めているだけです。ありがとう」

ネイティブならこう言う

I'm just looking. Thank you.

　お店で商品を見ていて、May I help you?（いらっしゃいませ）などと声をかけられた際、返事としてよく使うフレーズです。学校では look も watch も「見る」と習いますが、look は「視線を向ける、眺める」、watch は「注意して見る、（動きのあるものを）観察する」とニュアンスが異なります。

　そのため I'm just looking. なら「ただ眺めているだけです」となりますが、I'm just watching. だと「ただじっと観察しているだけです」なんて意味になり、怪しい人と思われてしまうかも！　似た言葉の使い分けには要注意です。

お呼び止めしてすみません。

<<と言いたくて

残念な直訳

I'm sorry I stopped you.

 ネイティブには
こう聞こえる!? 「呼び止めなければよかった」

 こう考えれば
英訳できた! 「あなたを止めてすみません」

ネイティブならこう言う

Sorry for stopping you.

　どうしても聞きたいことがあり、道ゆく人をわざわざ呼び止めて声をかける際のフレーズです。Sorry for ... で「…してすみません」、stop you で「あなた（の行動）を止める」なので、Sorry for stopping you. と声をかければ、道ゆく人も振り返ってくれるでしょう。

　しかし I'm sorry（すみません）の後に I stopped you と続けると「あなたを止めてしまいすみませんでした」となり、転じて「呼び止めなければよかった」と呼び止めたことを後悔する意味合いになってしまいます。

そこまでお連れしますよ。

と言いたくて

残念な直訳

I'll send you there.

 ネイティブには
こう聞こえる!?　「あなたをそこへ送り込みます」

 こう考えれば
英訳できた!　「私があなたをそこまで
連れて行きましょう」

ネイティブならこう言う

I'll take you there.

人をどこかへ案内する際に使うフレーズです。今いる場所からどこかへと連れ出す時には take を使い、I'll take you there. で「あなたをそこまで連れて行きます」→「そこまでお連れしますよ」となります。具体的に「エレベーターまでご案内します」と声をかけるなら、I'll take you to the elevator. です。

しかし send には「(人を) 行かせる、派遣する」の意味があるため、I'll send you there. だと「私があなたをそこへ送り込む」と強引に行かせるイメージになります。

私でよければ。

>> と言いたくて

残念な直訳

Please ask me if I'm good enough.

 ネイティブには こう聞こえる!? 「私で十分かどうか、おたずねください」

 こう考えれば 英訳できた! 「もし私にできるなら、喜んでお手伝いします」

ネイティブならこう言う

I'll be happy to help if I can.

「私でよければ」とは、「もし私にできるならば、喜んでお手伝いします」→「私でよければ（喜んでお手伝いします）」という意味の決まり文句。「喜んでお手伝いします（I'll be happy to help）」+「もし私にできるなら（if I can）」と表現すればOKです。I'm not sure I can do it, but I'll try my best.（私にできるかわからないけれど、最善を尽くします）などと言っても、同じような意味になるでしょう。

Please ask me if I'm good enough. だと、「私で十分かどうか、私におたずねください」と不思議な文になります。

お安い御用です。

≫ と言いたくて

残念な直訳

That's a cheap request.

 ネイティブには
こう聞こえる!? 「それはケチな依頼だ」

 こう考えれば
英訳できた！ 「それはたやすいご依頼です」

ネイティブならこう言う

That's a piece of cake.

人から何か頼まれて、「簡単だから大丈夫」と気軽に請け負う時に使う決まり文句。「朝飯前だ」と表現することも可能で、まさにこれと同じ意味になるフレーズが英語にもあります。それが That's a piece of cake. で「それはケーキの一切れ（を食べるのと同じくらい簡単）だ」です。こんな言葉をかければ、相手も気兼ねなく用事をお願いできるでしょう。

それに対し、「お安い御用」を cheap request と表現すると、That's a cheap request. で「それはケチな依頼だ」となってしまうため、相手は依頼どころか腹を立てるでしょう。

ご興味をお持ちいただき、ありがとうございます。

≫と言いたくて

残念な直訳

Thank you for listening to me.

 ネイティブには こう聞こえる!? 「私の話を聞いてくれてありがとう」

 こう考えれば 英訳できた！ 「あなたの興味をありがとう」

ネイティブならこう言う

Thank you for your concern.

　自社の商品などに関心を持ってくれた人に、お礼の言葉として使うフレーズです。「あなたの興味（concern）」に「ありがとう（thank you）」と解釈し、Thank you for your concern. を用いるといいでしょう。「お心づかい感謝します」「ご配慮ありがとうございます」といった意味合いでも使うことができる決まり文句です。

　「興味」を「耳を貸してくれたこと」と捉え、Thank you for listening to me. と表現すると、「私の話を聞いてくれてありがとう」と異なる意味になります。

皆さんによろしく。

≫と言いたくて

残念な直訳

Say "please" to everyone.

 ネイティブにはこう聞こえる!?　「皆さんに『お願い』と言いなさい」

 こう考えれば英訳できた！　「私の代わりに、みんなに挨拶してください」

ネイティブならこう言う

Say hi to everyone for me.

「皆さんによろしく」は、別れ際などに使う社交辞令の挨拶で、相手の家族や知人を知っている場合に使う決まり文句。Say hi to ... で「…によろしく」となるので、Say hi to everyone for me. で「私の代わりに皆に挨拶をして」→「皆さんによろしく」となります。hi は「やあ、こんにちは」といった、友人同士で使うカジュアルな挨拶の言葉です。

人に何かを依頼する時「よろしく」と言うことから please と英訳し、Say "please" to everyone. だと「皆さんに『お願い』と言いなさい」なんて意味不明の文になります。

お構いもしませんで。

≫ と言いたくて

残念な直訳

Sorry for not touching you.

 ネイティブにはこう聞こえる!?　「あなたに触らないですみません」

 こう考えれば英訳できた!　「あなたのために準備ができずすみません」

ネイティブならこう言う

I'm sorry I couldn't prepare anything for you.

来客に対し、特別なおもてなしができなかった時のお詫びの言葉です。「あなたのために何も準備できずすみません」と解釈し、I'm sorry I couldn't prepare anything for you. と表現すると、謝罪のニュアンスがうまく出せます。prepare には「準備する」だけでなく「用意する、心構えをする」といった意味合いもあるので、ピッタリです。

「構う」を「手を出す、接触する」と捉え touch を使い、Sorry for not touching you. と言うと、「あなたに触らないですみません」なんて怪しいフレーズに聞こえてしまうかもしれません。

またのお越しを
お待ちしております。

と言いたくて

残念な直訳

Come again?

 ネイティブにはこう聞こえる!? 「もう一度言ってくれます？」

 こう考えれば英訳できた！ 「また会えるのを楽しみにしています」

ネイティブならこう言う

I look forward to seeing you again.

　お客様などを見送る際の定番表現です。「お待ちしております」は look forward to ... で「…を楽しみにしている」、「またのお越し」は「また会うこと」で see you again を使って表現すればOK。look forward to に続く動詞は、ing 形にするのを忘れないようにしましょう。

　それに対し、come again には「また来る」という意味もありますが、Come again?と語尾を上げると「もう一度言ってくれる？」と聞き直すフレーズに。うっかり Come again?と言うと想定外の意味になるので注意しましょう。

お風邪など召しませんように。

≫と言いたくて

残念な直訳

Don't take a cold.

 ネイティブには こう聞こえる!? 「風邪を持って行かないで」

 こう考えれば 英訳できた！ 「風邪をひかないように気をつけて」

ネイティブならこう言う

Be careful not to catch a cold.

別れ際に相手の体調を気づかって口にする決まり文句です。「…しないよう気をつけて」は、**Be careful not to ...** と to 不定詞の前に **not** をつけるのを忘れずに。「召す」は「捕まえる、感染する、理解する」など幅広い意味を持つ **catch** を使い、**catch a cold** で「風邪をひく」となります。「風邪をひかないように (**not to catch a cold**)」+「気をつけて (**Be careful**)」、または **Don't catch a cold.** でも **OK** です。

しかし **Don't take a cold.** だと、**take** で「遠くへ連れて行く」なので「風邪を持って行かないで」なんて意味不明な文に。

Part 3 話しかける・あいさつ・雑談・メール

よいお年を。

≫ と言いたくて

残念な直訳

Happen... Happy New Year!

 ネイティブには
こう聞こえる!? 「新年おめでとう！」

≫

 こう考えれば
英訳できた！ 「あなたがよい年を迎えますように」

≫

ネイティブならこう言う

I hope you have a good year.

　「よいお年を」とは、相手にとって来たる年もよい年になりますようにと、年末・年始に言う定番表現。そのため「よい年を（a good year）あなたが迎えることを願います」と解釈し、I hope you have a good year. と言うといいでしょう。I hope you ...で「（あなたが）…となりますように」と、相手を思いやって何かを祈るフレーズになります。

　それに対し、Happy New Year! は新年の挨拶の言葉ですが、日本のように12月末から1月半ばまで言うことはまずありません。1月3日でも、「まだ言ってるの?」なんて言われるでしょう。

お話は尽きませんが…。

≫ と言いたくて

残念な直訳

Our talk is long, but ...

 ネイティブにはこう聞こえる!?　「私たちのスピーチは長いですが…」

≫

 こう考えれば英訳できた！　「永遠に話せるでしょうが…」

≫

ネイティブならこう言う

We could talk forever, but ...

　話に花が咲き、終わりそうもない会話を切り上げる時の決まり文句です。「…できるでしょうが」というニュアンスを持つ助動詞の could を使うのがポイント。**We could talk forever, but ...** で「永遠に話せるでしょうが…」→「お話は尽きませんが…」となります。but ...（しかし…）と言いよどむことで、相手に「そうはいかないのだ」と理解してもらえます。

　一方、**Our talk is long, but ...** だと、「私たちのスピーチ（講演）は長いですが…」なんて意味になります。

Part 3 話しかける・あいさつ・雑談・メール　131

(電話を)そろそろ切りましょうか。

≫ と言いたくて

残念な直訳

Let's finish together.

 ネイティブには こう聞こえる!?　「一緒にフィニッシュしましょう」

 こう考えれば 英訳できた！　「じゃあ、そろそろ 終わりにしましょうか」

ネイティブならこう言う

Okay, well, we'd better finish up.

　終わりの見えない電話を、どううまく切り上げるかで悩むのは、英語圏の人も同じ。こんな時は、Okay, well ... と切り出すといいでしょう。Okay, well, ... は「じゃあ、そろそろ…」に当たる、電話を切り上げる際の決まり文句。こう言えば相手も「ああ、そろそろ電話を切らないと」とわかってくれるはず。Okay, well, ... の後に「終わりにしたほうがいいね」にあたる we'd better finish up を続ければ OK です。

　直訳した Let's finish together. では、「一緒にフィニッシュしましょう」とマラソンで一緒にゴールするイメージになります。

ご活躍をお祈りしております。

≫と言いたくて

残念な直訳

I pray for your activity.

 ネイティブにはこう聞こえる!? 「あなたの活動のために祈ります」

≫

 こう考えれば英訳できた！ 「あなたが最高の状態でいることを願います」

≫

ネイティブならこう言う

I wish you the best.

　就職活動の不採用通知としてもおなじみの、相手の成功を願う決まり文句です。「あなたが最高の状態でいられるよう願います」と解釈し、決まり文句の I wish you the best. を使うといいでしょう。I wish you the best. は、「幸運を祈ります」という意味で用いることもできます。

　activity にも「活躍」の意味はありますが、一般的には「活動」のイメージで取られます。そのため I pray for your activity. だと「あなたの活動のために祈ります」と、何かイベント活動などがうまくいくよう願うニュアンスになります。

Part 3　話しかける・あいさつ・雑談・メール

お気をつけて。

≫と言いたくて

残念な直訳

Be careful.

 ネイティブには
こう聞こえる!?　「危険なことがあるので、注意して」

≫

 こう考えれば
英訳できた!　「気をつけて（じゃあね）」

≫

ネイティブならこう言う

Take care.

別れ際に「お気をつけて」と声をかけますが、これは注意喚起のためというよりは、単なる決まり文句として。このような場合、英語でも「気をつけて」の意味を持つ Take care. が「じゃあね」という意味合いで使われます。「気をつけてね（じゃあね）」というイメージで、日本語と英語の慣用句が、同じような意味合いで使われる例のひとつです。

しかし Be careful. は「（危険なことがあるので）注意しなさい」というフレーズのため、こう言われたら相手は何か危険が迫っているのかとヒヤヒヤするでしょう。

お世話になりました。

>> と言いたくて

残念な直訳

Thanks for your help.

 ネイティブには
こう聞こえる!?　「**手伝ってくれてありがとう**」

 こう考えれば
英訳できた!　「**あなたがやってくれたすべてのことに
ありがとう**」

ネイティブならこう言う

Thanks for all that you've done.

　相手がしてくれたことに対して、お礼を兼ねた別れの言葉として使われる言い回しです。「お世話」という言葉につられて help を使い、Thanks for your help. だと「手伝ってくれてありがとう」という意味になり、相手からは「何かお手伝いしましたっけ？」などと返されるかもしれません。

　このような場合「あなたがしてくれたすべてのことに感謝します」と解釈し、Thanks for all that you've done. と言えば、「お世話になりました」と同じ意味合いになります。

すっかり長居しちゃいました。

と言いたくて

残念な直訳

I'm staying for so long.

 ネイティブには こう聞こえる!?　「すごく長く滞在するからね」

 こう考えれば 英訳できた!　「ずいぶん長く滞在してしまい すみません」

ネイティブならこう言う

I'm sorry for staying so long.

　長々と人の家などに滞在してしまったことに対し、お詫びの言葉として別れ際に言うフレーズ。そのため「とても長く滞在して、すみませんでした」と解釈し、**I'm sorry for ...**（…してすみませんでした）」+「とても長く滞在して（**stay so long**）」と言えばいいでしょう。**for** の後に続ける **stay** は ing 形にするのを忘れずに。

　これを I'm staying for so long. と言うと、現在進行形は未来のニュアンスもあるので、「すごく長く滞在するからね」なんて意味に聞こえビックリされるかもしれません。

（おごってもらって）ごちそうさまでした。

≫と言いたくて

残念な直訳

Thank you for your pay.

 ネイティブには こう聞こえる!? 「給料ありがとう」

 こう考えれば 英訳できた！ 「ごちそうしてくれてありがとう」

ネイティブならこう言う

Thank you for treating me.

　実は、英語には「ごちそうさまでした」に相当する言葉がありません。ちょうどこの状況は「（おごってもらって）ごちそうさまでした」なので、「おごる、ごちそうする」の意味がある treat を使い、Thank you for treating me. と言えば OK！これならごちそうしてくれたこと、またおごってもらったことに対するお礼にもなります。Thank you for the wonderful meal.（素敵な食事をありがとう）でもいいでしょう。

　Thank you for your pay. だと、pay には「支払い」の意味があるため、「給料ありがとう」なんて取られる可能性も？

いいお湯でした。

 と言いたくて

残念な直訳

The water was hot.

 ネイティブには こう聞こえる!?　「お湯は熱すぎた」

 こう考えれば 英訳できた！　「良い熱さのお風呂で気持ちよかった」

ネイティブならこう言う

The water was nice and hot.

お風呂上がりに「いいお湯でした」と感想を言うのは、いかにも日本人らしい表現です。「いいお湯」とは「気持ちのいい適度な熱さの湯だった」ということですから、The water was nice and hot. と表現すればいいでしょう。「お湯」をどう言えばいいか悩む人が多いようですが、water（水）＋ hot（熱い）で OK、nice and hot と言えば「気持ちのいい熱さだ」とわかります。

一方 The water was hot. だと、nice がないので「水は熱かった」→「（お風呂の）湯は熱すぎた」と誤解されるでしょう。

ご気分はいかがですか？

>> と言いたくて

残念な直訳

What's your feeling?

ネイティブには こう聞こえる!?　「あなたの意見は？」

こう考えれば 英訳できた！　「どう感じていますか？」

ネイティブならこう言う

How are you feeling?

　体調の悪い人にお見舞いがてら声をかけるなら、どう言えばいいでしょうか？　こんな時は「どう感じていますか？」と解釈し、How are you feeling? と言えば「ご気分はいかがですか？」と同じようなニュアンスになります。他に Are you feeling better?（気分は良くなりましたか？）と言ってもいいでしょう。

　しかし How のかわりに What を使い、What's your feeling? と言ってしまうと、名詞の feeling には「感情、意見」という意味もあることから、「あなたの意見は？」と相手の考えをたずねる言い回しに。How と動詞の feel を使うのがポイントです。

顔色がいいですね。

≫ と言いたくて

残念な直訳

Your complexion is nice.

 ネイティブには こう聞こえる!? 「肌の色つやがいいね」

 こう考えれば 英訳できた! 「あなたの顔色は良くなった」

ネイティブならこう言う

Your color has improved.

入院中の知人を訪ねたら、思ったより元気そうでした。そこで「顔色がいいですね」と声をかけるなら、どう言えばいいでしょう？ 実は「顔色」は color で OK。「顔色が改善された（良くなった）」と考え、Your color has improved. と現在完了形を使って表現しましょう。体調自体が良さそうなら、You look better.（お気そうですね）も使えます。

complexion にも「顔色」の意味がありますが、これは美容関係の話をする際に使う言葉。そのため「肌の色つやがいいですね」と、異なるニュアンスになります。

お元気になられて何よりです。

と言いたくて

残念な直訳

Best of all, you're fine.

 ネイティブにはこう聞こえる!?　「何よりも、あなたは大丈夫だ」

 こう考えれば英訳できた!　「あなたの具合が良くなったことが重要です」

ネイティブならこう言う

The important thing is that you're feeling better.

　病気から回復した人への決まり文句です。「何よりです」とは、「何よりも一番重要なことだ」ということなので The important thing is that ...。「お元気になられて」とは「あなたの具合が良くなっていること」と解釈し、you're feeling better とすればいいでしょう。この2つをつなげて、The important thing is that you're feeling better. で「あなたの具合が良くなっていることが重要です」→「お元気になられて何よりです」となります。

　best of all で「何よりも」ですが、you're fine だと「あなたは大丈夫だ」と取られ、急にこう言われても「?」でしょう。

お悔やみ申し上げます。

と言いたくて

残念な直訳

I pity you.

 ネイティブには
こう聞こえる!?　「あなたは可哀想な人だ」

 こう考えれば
英訳できた！　「あなたの喪失感を気の毒に思います」

ネイティブならこう言う

I'm sorry for your loss.

　身内が亡くなるなどの、不幸があった人にかける際の決まり文句。「お悔やみ」とは人の死を弔うことを意味し、故人を忍んで家族を慰める言葉として使われます。実は英語にもまったく同様に使われる決まり文句があり、それが I'm sorry for your loss. です。I'm sorry for ... で「…を気の毒に思う」、your loss で「あなたの喪失感」となります。

　「哀れむ、気の毒に思う」という動詞 pity を使い、I pity you. と言う人もいるでしょうが、これだと「あなたは可哀想な人だ」と相手を哀れむ意味合いになってしまいます。

心中、お察しいたします。

≫ と言いたくて

残念な直訳

I sympathize with you.

 ネイティブにはこう聞こえる!?　「共感します」

 こう考えれば英訳できた！　「この大変な時も、あなたは私たちの心の中にいます」

ネイティブならこう言う

You're in our thoughts during this difficult time.

　身近に不幸があったなど、困難な状況にいる人に理解を示す言葉です。英語では You're in our thoughts during this difficult time. が、このような状況の決まり文句。You're in our thoughts で「あなたは私たちの心の中にいる」、during this difficult time で「この大変な時も」となり、「あなたはこの大変な時も私たちの心の中にいる」→「あなたが大変だということはわかります」→「心中、お察しいたします」となります。

　一方、I sympathize with you. だと、同情より「共感」が強く出るため、お悔やみのニュアンスがうまく伝わりません。

この諺、日本語で言えますか？【上級編】

【問題】次の英語の諺を日本語にしてください

1 All things come to him who waits.
2 Ask, and it shall be given to you.
3 Beauty is in the eye of the beholder.
4 See no evil, hear no evil, speak no evil.
5 There's no royal toad to learning.
6 A rolling stone gathers no moss.
7 No pain, no gain.
8 Truth is stranger than fiction.
9 The pen is mightier than the sword.
10 Better safe than sorry.

【答え】

1 果報は寝て待て／待てば海路の日和あり
2 求めよ、さらば与えられん
3 蓼(たで)食う虫も好き好き
4 見ざる、言わざる、聞かざる
5 学問に王道なし
6 転がる石に苔(こけ)むさず
7 虎穴に入らずんば虎子を得ず
8 事実は小説よりも奇なり
9 ペンは剣よりも強し
10 転ばぬ先の杖(つえ)／備えあれば憂いなし

Part 4

日本語ならではの表現

「天にも昇る気持ち」ってどんな気持ち？ 「間に合ってます」ってそもそもどういう意味？ そんな「いかにも日本人らしい表現」の英訳に挑戦！

天にも昇る気持ちです。

≫ と言いたくて

残念な直訳

I feel like going to heaven.

 ネイティブには こう聞こえる!?　「私は死にそうです」

≫

 こう考えれば 英訳できた！　「死んで天国に行ったような気持ちだ」

≫

ネイティブならこう言う

I feel like I've died and gone to heaven.

幸福感で満たされ、まるで天国にでもいるような気持ちの時に使う言葉。英語にも同様の決まり文句があり、それが I feel like I've died and gone to heaven. です。feel like S+V で「SがVするように感じる」なので、「死んで天国に行ったようだ」→「天国に行ったように幸せだ」「極楽だ」となります。

しかし feel like の後に ing 形が続くと、「…しそうだ」という意味になるため、I feel like going to heaven. だと「私は天国へ行きそうだ」→「私は死にそうだ」となり、まったく違う意味になってしまうので要注意です。

無理を承知で
お願いしたいんですが…。

≫と言いたくて

残念な直訳

I'm too much, but could you...?

ネイティブには
こう聞こえる!?　「自分が厚かましいとは
　　　　　　　　わかっていますが…」

こう考えれば
英訳できた!　「お願いしすぎだとわかっていますが…」

ネイティブならこう言う

This is a lot to ask, but could you...?

　相手にとって迷惑なのをわかった上で、それでも何とか依頼したい時の言い回し。「無理を承知で」を「お願いしすぎだ（This is a lot to ask）」と、まずは自分に非があると理解していることを伝えましょう。その後「ですが…」と but 以下で本来、伝えたい内容を続けるのがポイント。謙虚さを出しつつも言いたいことを言う、1ランク上の表現です。

　too much で「どぎつい、やりすぎの」ですが、I'm too much だと「私は厚かましい」となり、「無理を承知で」の謙虚なニュアンスにはなりません。

Part 4　日本語ならではの表現　147

間に合ってます。

と言いたくて

残念な直訳

We're enough.

 ネイティブにはこう聞こえる!? 「私たちの人数で十分」

 こう考えれば英訳できた! 「今のところ満足しています」

ネイティブならこう言う

We're doing okay/fine.

「間に合ってます」とは「もう十分用は足りている（だから結構です）」と不要な物やサービスなどの勧誘を、やんわりと断る際の言い回し。そのため「大丈夫です」→「うまくやっています（だから結構です）」と答えれば、同じようなニュアンスになります。be doing okay/fine で「大丈夫、まぁまぁいい」なので、We're doing okay/fine. なら「（私たちは）大丈夫です」→「間に合ってます」となります。

We're enough. は「私たちで十分」→「この人数で十分」というフレーズなので、ニュアンスが異なります。

力不足ですみません。

≫ と言いたくて

残念な直訳

Sorry for the lack of power.

 ネイティブには こう聞こえる!? 「電源不足ですみません」

 こう考えれば 英訳できた! 「お役に立てずにすみません」

 ネイティブならこう言う

Sorry for not being more helpful.

相手の要望に充分そえなかったことを、お詫びする時に使う言葉。「…をすみません」は Sorry for ...、「力不足」は「もっと役に立つことができなくて」と考え not being more helpful とすればいいでしょう。for の後なので動詞は being と ing 形に、また否定形にするので、for not being という語順になることに注意してください。自分には要望に応えるだけの能力がなかったと謝罪するなら、Sorry for my lack of ability. でもいいでしょう。

「力不足」を lack of power とすると、電力の話と誤解され「電源不足ですみません」なんて意味に取られるかも。

Part 4 日本語ならではの表現

お気持ちだけいただきます。

≫と言いたくて

残念な直訳

Just feeling.

 ネイティブには こう聞こえる!?　「気持ちのみ」

 こう考えれば 英訳できた!　「お考えいただき ありがとうございます」

ネイティブならこう言う

Thank you for the thought.

　相手が自分のためにいろいろ考えてくれたことに対する、お礼の言葉です。お礼は言うものの、最終判断は自分でする（だからこれ以上、口出ししないでほしい）という含みがあります。そのため Thank you for the thought.（ご配慮いただきありがとうございます）と、気づかいに対するお礼の決まり文句を言って終わりにすれば、これ以上の気づかいは無用だと相手にも伝わるでしょう。

　Just feeling. だと、単に「気持ちのみ」となり、感謝の気持ちが伝わりません。

決め手に欠けますね。

≫ と言いたくて

残念な直訳

We don't decide.

ネイティブにはこう聞こえる!? 「決断するのは私たちではない」

こう考えれば英訳できた！ 「現段階では決定できません」

ネイティブならこう言う

We're unable to make a decision at this time.

判断材料が不十分なため「これ」という有力なものがなく、最終的な決断が下せない状態を言います。あと一歩のところで決めきれない状態のため、「現段階では (at this time)」という言葉を添えると、うまくニュアンスが出せます。「決め手に欠ける」は「決断できない」とし、be unable to make a decision と表現するといいでしょう。unable を使うことで、「(決断を下したくても) できない」状況をうまく表現できます。

一方、We don't decide. だと「決断するのは私たちではない」となり、「決め手に欠けますね」本来の意味とは異なります。

つかぬことをお聞きしますが…。

と言いたくて

残念な直訳

I have an unimportant question.

⚠️ **ネイティブにはこう聞こえる!?** 「重要でない質問があります」

💡 **こう考えれば英訳できた!** 「ちょっとした質問ですが」

ネイティブならこう言う

Just a quick question, but ...

ものすごく重要ではないものの、念のため確認する必要があることを質問する時に使う決まり文句。「つかぬこと」とは「質問するに足らないかもしれない、些細なこと」と解釈し、Just a quick question. と表現しましょう。

quick question で「簡単な質問」、just をつけることで「つかぬこと」のニュアンスをうまく出せます。

I have an unimportant question.（重要でない質問があります）だと、「つかぬこと」の謙虚かつ微妙なニュアンスが出せません。

けっこうなお話ですが
(少し考えさせてください)。

と言いたくて

残念な直訳

It's a good story, but I need to think about it.

 ネイティブには
こう聞こえる!? 「いい作り話だけど、考えさせてください」

 こう考えれば
英訳できた! 「いい申し出ですが、考えさせてください」

ネイティブならこう言う

It's a good offer, but I need to think about it.

相手からの提案はありがたいものの、即答はできない旨を丁寧に伝えたい時は、まず「それはいいお話ですね」とほめ、「しかしそれについて考える必要があります」と伝えるといいでしょう。「お話」とは、先方からの「申し出」なので offer を使い、It's a good offer, but I need to think about it. と表現すれば OK。相手の申し出に感謝しつつも、言うべきことはしっかり伝えられます。

story には「作り話、ウソ」という意味もあるため、good story は「よくできた話(ウソ)」と取られる可能性があります。

お酒はたしなむ程度です。

>> と言いたくて

残念な直訳

I drink alcohol sometimes.

 ネイティブにはこう聞こえる!? 「お酒は時々飲みます」

 こう考えれば英訳できた！ 「私はあまりたくさん飲まない」

ネイティブならこう言う

I don't drink very much.

飲み会などでCan you drink?（お酒は飲める？）と聞かれ、あまりお酒を飲めない人が返す決まり文句です。「たしなむ」とは「そこそこに好む」ことを言い、「大好きで、すごく飲む」とまではいかないことを表します。そのため「私はあまりお酒は飲みません（I don't drink very much.）」と表現すれば、うまくニュアンスが伝わるでしょう。

「たしなむ程度」を drink sometimes と考え、I drink alcohol sometimes. だと「お酒は時々飲みます」と頻度の話になり、意味が変わってしまいます。

（彼は）空気が読めない。

と言いたくて

残念な直訳

He can't read the air.

 ネイティブにはこう聞こえる!?　「彼は air（という文字）を読めない」

 こう考えれば英訳できた！　「彼は行間が読めない」

ネイティブならこう言う

He can't read between the lines.

　周りの雰囲気を察することなく行動してしまう人を、「空気が読めない」と言います。英語にも似た表現があり、**read between the lines** で「その場の空気を読む、行間を読む」なので、このフレーズを否定形にして、**He can't read between the lines.** と表現すれば OK。本来は、文章の行と行の間に込められた作者の思いなどが読み取れないことを指しますが、転じてその場の雰囲気を読み取れない鈍感な人のことも表します。

　日本語をそのまま英語にした **He can't read the air.** では、「air（という文字）が読めない」なんて意味に取られるかもしれません。

朝イチでやります。

≫と言いたくて

残念な直訳

I'll do number one in the morning.

 ネイティブにはこう聞こえる!?　「明日の朝、『大（ウンチ）』をします」

 こう考えれば英訳できた！　「明日の朝まず第一にやります」

ネイティブならこう言う

I'll do it first thing in the morning.

　「朝イチで」とは、「（明日の）朝一番はじめに」ということ。first thing で「まず第一に、真っ先に」なので、first thing in the morning なら「朝一番に、朝イチに」。I'll do it first thing in the morning. で「朝一番はじめにそれをやります」→「朝イチでやります」となります。first thing next week は「来週一番に」、first thing one says なら「開口一番」です。

　ちなみに、do number one は「ウンチをする」の婉曲的な表現になるため、I'll do number one in the morning. で「明日の朝、『大（ウンチ）』をします」なんて意味に。

できるだけやってみましょう。

>> と言いたくて

残念な直訳

Let's try, if possible.

 ネイティブには こう聞こえる!?　「可能ならやってみましょう」

>>

 こう考えれば 英訳できた!　「できる限りやってみましょう」

>>

ネイティブならこう言う

Let's do as much as we can.

　できるかどうかわからないことに対し「最大限に努力してみましょう」と意欲を伝える際の表現です。「やってみましょう」はLet's do、「できるだけ」は「できる限り」と解釈して as much as we can を使い、Let's do as much as we can. とすればニュアンスがうまく出せます。We will do all we can.（できるだけのことをするつもりです）でも同じような意味になります。

　「できるだけ」を if possible（可能なら）と解釈し、Let's try, if possible. と表現すると、「（ダメかもしれないけど）可能ならやってみましょう」と、やや及び腰のイメージになります。

Part 4　日本語ならではの表現

今回だけですよ。

≫ と言いたくて

残念な直訳

Only this one.

 ネイティブには こう聞こえる!? 「これだけ」

≫

 こう考えれば 英訳できた！ 「この1回だけです」

≫

ネイティブならこう言う

Just this once.

　人から許可などを求められて、気が進まないながらも「この1回限りは認めるけれど、2度目はないですよ」と渋々OKする際の言い回しです。そのため「この1回のみ、今回限り」と解釈し、Just this once. と表現しましょう。「1回」と回数なので once です。Just for this once. や Once (and) for all. でも、「今回限り、これっきり」と同じような意味になります。

　一方、Only this one. だと、「これだけ」と何か物を指して言っているようなイメージになり NG です。

やぶさかではありません。

≫ と言いたくて

残念な直訳

I don't dislike it.

 ネイティブには
こう聞こえる!? 「嫌ではありません」

 こう考えれば
英訳できた！ 「ぜひやります」

ネイティブならこう言う

I wouldn't mind at all.

「やぶさかではない」とは、本来「…する努力を惜しまない、喜んで…する」という意味ですが、最近は「仕方なく…する」と異なるニュアンスで使われることが多い表現です。本来の意味で解釈するなら、I wouldn't mind at all. がおススメ。「まったく気にしませんよ」→「喜んで」となります。mind（気にする）を否定形で使うことで、非常にうまくニュアンスが出せます。シンプルに表現するなら、I'd love to. でもいいでしょう。

I don't dislike it. で「それを嫌ではありません」ですが、だからといって「大好きだ、喜んで」という意味にはなりません。

私としたことが (うかつでした)。

>>> と言いたくて

残念な直訳

It's for me.

 ネイティブにはこう聞こえる!? 「それは私のためだ」

>>>

 こう考えれば英訳できた! 「それを知らず恥ずかしい」

>>>

ネイティブならこう言う

I should have known better.

「私としたことが(うかつでした)」とは、自分のような人間が、不注意できちんと判断できなかったことを悔いる際の表現です。決まり文句の I should have known better. なら「私がもっと早くに知っているべきだった」→「私としたことが(知らないでいて恥ずかしい)」→「私としたことが(うかつでした)」と後悔するフレーズに。同名のビートルズの曲のタイトルもあります。

「私としたことが」を「私が」と解釈して It's for me. とすると、「それは私のためだ」となり、イコールになりません。

…という理解で よろしいでしょうか？

と言いたくて

残念な直訳

Am I okay to understand?

 ネイティブにはこう聞こえる!?　「それを理解してもいいですか？」

 こう考えれば英訳できた！　「私の理解は正しいですか？」

ネイティブならこう言う

Is my understanding correct?

相手が話した内容について、自分が正しく理解しているかを確認する時に用いる言葉です。そのため、「私の理解（my understanding）」は「正しいですか？（Is ... correct?）」と表現するといいでしょう。correct のかわりに right でも OK。Is my understanding incorrect? は「私の理解は間違っていますか？」、It's beyond my understanding. なら「それは私の理解を超えています」となります。

一方、Am I okay to understand? だと「それを理解してもよいですか？」となり、内容の確認にはなりません。

Part 4　日本語ならではの表現　**161**

（こういう説明で）
答えになってますでしょうか？

≫ と言いたくて

残念な直訳

I hope this becomes an answer.

 ネイティブには
こう聞こえる!? 「これが正解になるといいな」

 こう考えれば
英訳できた! 「それがあなたの質問の答えとなればいいな」

ネイティブならこう言う

I hope that answers your question.

質問に対する回答が、きちんと相手の問いに対する答えとなっているかを確認する際の言葉です。「それがあなたの質問の答えになっている（that answers your question）」+「…を願う（I hope ...）」で、I hope that answers your question. です。I hope ... は「…だといいな」と謙虚に希望を述べる言い回しなので、「答えになってますでしょうか？（答えになっていたらいいな）」というニュアンスをよく表します。

I hope this becomes an answer. だと「これが正解になるといいな」というニュアンスに取られるかもしれません。

お眼鏡にかなって光栄です。

>> と言いたくて

残念な直訳

It was such an honor to see you.

 ネイティブには こう聞こえる!? 「あなたに会えてとても光栄です」

 こう考えれば 英訳できた！ 「あなたから、とても意味のあるものが」

ネイティブならこう言う

Coming from you, it means a lot.

　目上の人から気に入られたり、実力を認められて評価されたことへのお礼の決まり文句です。「お眼鏡にかなって」とは、目上の人の「目にとまる＝気に入る」という意味。Coming from you, it means a lot. は、まさにそれと同様の意味で使われる決まり文句です。「あなた（のような偉い人）から、とても意味のある（重要な）ものが（いただけました）」→「あなたの目にとまって光栄です」→「お眼鏡にかなって光栄です」となります。

　It was such an honor to see you. は、「あなたに会えてとても光栄です」と出会いを喜ぶ決まり文句なので NG です。

かわいい子には旅をさせろ、ですね。

と言いたくて

残念な直訳

Go to the journey, if your child is pretty.

 ネイティブにはこう聞こえる!?　「もし子供がかわいいなら、旅に出ろ」

 こう考えれば英訳できた！　「ムチを惜しめば子供を甘やかす、という」

ネイティブならこう言う

Spare the rod and spoil the child, they say.

　「自分の子どもが本当にかわいいなら、甘やかすのではなく、辛い旅の経験をさせて世の苦労を体験させるべきだ」という諺です。「子供を甘やかすな」という意味ですが、英語にも同様の言い回しがあります。「ムチを控えれば、子供が甘やかされる（Spare the rod and spoil the child.）」で、これをそのまま使うといいでしょう。「…ですね」は伝聞調にして、they say と最後につけるとうまくニュアンスが出せます。

　Go to the journey ... では、「子供が可愛いなら、あなたが旅に出なさい」となり、意味が異なってしまいます。

足を向けて眠れません。

≫と言いたくて

残念な直訳

I can't sleep with my feet toward him.

 ネイティブには
こう聞こえる!? 「足を彼に向けて眠れない」

 こう考えれば
英訳できた！ 「彼が私にしてくれたことを決して忘れない」

ネイティブならこう言う

I'll never forget what he did for me.

　「足を向けて眠れません」とは、恩人などに対する感謝の気持ちを表す慣用表現。「足の裏を人に見せることは失礼に当たる」ことからきた言い回しですが、日本語独特の表現のため、そのまま英訳しても意味不明です。「彼がしてくれたこと（what he did for me）」を「決して忘れない（I'll never forget）」と意訳するといいでしょう。I owe him a lot.（彼にとても恩恵を受けている）などと言い換えることも可能です。

　「残念な直訳」は、ただ英語に言い換えただけですので、このままでは恩人への感謝の気持ちが伝わりません。

Part 4　日本語ならではの表現　165

(そういう人) 嫌いじゃないよ。

と言いたくて

残念な直訳

I don't hate anyone like him.

 ネイティブには こう聞こえる!?　「私は誰も恨んではいない」

 こう考えれば 英訳できた！　「そういう人は気にしない」

ネイティブならこう言う

I don't mind him.

　ちょっと変わっているけれど、自分的には「嫌いじゃない人」っていますよね？　「ものすごく好きというわけではないけど、嫌いではない」そんな微妙な気持ちを出すなら、**I don't mind** がうってつけ。「気にしない、(どちらでも) 構わない」という、どっちつかずのニュアンスが出せるので、**I don't mind him.** で「彼のことは気にしないよ、構わない」→「(そういう人) 嫌いじゃないよ」です。

　一方、**I don't hate anyone like him.** だと「私は誰も恨んではいない」という意味になり、まったく異なります。

お電話が遠いのですが。

≫ と言いたくて

残念な直訳

The phone is far away.

 ネイティブにはこう聞こえる!?　「電話がとても遠くにある」

 こう考えれば英訳できた!　「声を聞くのに問題がある」

ネイティブならこう言う

I'm having trouble hearing you.

　電話の通信状態が悪く、相手の声がうまく聞き取れない時の表現です。「電話が遠い」とは、「相手の声が聞こえにくい」こと。have trouble で「(…するのに) 苦労する」と考え、I'm having trouble hearing you. で「あなたの声を聞くのに苦労している」→「電話の声が、遠いのが原因か、よく聞こえない」→「お電話が遠いのですが」となります。電波が悪い、騒音がする、声が小さくて聞こえないなど、あらゆる状況で使える決まり文句です。

　The phone is far away. だと「その電話はとても遠くにある」と、電話が遠くに置かれているニュアンスになります。

あなたの発想は斜め上を行ってますね。

と言いたくて

残念な直訳

You go up at an angle.

ネイティブには
こう聞こえる!? 「あなたは斜め上に移動する」

こう考えれば
英訳できた! 「あなたは期待以上だ」

ネイティブならこう言う

You go above and beyond.

「斜め上を行く」とは、想定を超えた行動や考え方を指す言い回し。主にほめ言葉として使われ、「求められている以上の働きをする」と解釈し、**go above and beyond**（期待以上にいい）の言い回しを使って表現するといいでしょう。**You go above and beyond.** と言えば「（あなたの働きは）想像以上ですよ」というニュアンスになります。人と違ったことを評価するなら、**You have an interesting way of putting things.**（あなたは面白いやり方をする）と表現してもいいでしょう。

go up at an angle だと「斜め上に移動する」となります。

彼女は闇が深い。

≫ と言いたくて

残念な直訳

She's really dark.

 ネイティブには こう聞こえる!? 「彼女は性格がとても暗い」

 こう考えれば 英訳できた! 「彼女には暗い面がある」

ネイティブならこう言う

She has a dark side.

　「闇が深い」とは、表面には現れない心の裏の部分のこと、つまり「心の闇」を抱えていることを指します。「心の闇」は映画『スター・ウォーズ』のキーワードでもある dark side を使うと、うまく表現できるでしょう。dark side で「影の側面、邪悪な側面」なので、She has a dark side. と言えば「彼女は影の側面がある」→「彼女は闇が深い」となります。ちなみに「(物事などの) 良い点と悪い点」は dark and light side of ... です。

　これを She's really dark. と訳すと性格的な暗さを表し、「彼女は性格がとても暗い」なんて意味になってしまいます。

歯がゆい思いをした。

と言いたくて

残念な直訳

I'm really irritating.

 ネイティブには こう聞こえる!?　「私はイライラしている」

 こう考えれば 英訳できた!　「私はそれでイライラさせられた」

ネイティブならこう言う

It was really irritating.

　思い通りにいかなくて、もどかしい時に「歯がゆい思いをする」と言います。こんな時は irritate で「じらす、イライラさせる、ヒリヒリさせる」なので、It was really irritating. で「それはとてもイライラさせた」→「(それにとても) 歯がゆい思いをした」と解釈するといいでしょう。「歯がゆい」を意味する英単語は、他に frustrating や annoying などがあります。

　一方、I'm really irritating. と I を主語にして言うと、「私はとてもイライラしている」→「私はイライラする人だ」と短気な人のように思われます。

彼女は歯に衣着せぬ物言いをする。

と言いたくて

残念な直訳

She speaks through her teeth.

ネイティブにはこう聞こえる!? 「彼女は歯の隙間から話す」

こう考えれば英訳できた！ 「彼女は思っていることを言う」

ネイティブならこう言う

She speaks her mind.

　率直に思ったことや感じたことを、相手に遠慮せず発言することを、「歯に衣着せぬ物言いをする」と言います。心のままに話をすることを指すので、speak one's mind（本音を語る、率直に述べる）の言い回しを使い、She speaks her mind. と表現すればOK。She talks straight. や She says what's on her mind.、She's a straight talker. などと表現してもいいでしょう。

　「歯に衣着せぬ」のつもりで She speaks through her teeth. と表現すると「彼女は歯の隙間から話す（歯を食いしばって話をする）」なんて意味になってしまうので要注意です。

彼は歯の浮くような
お世辞を言う。

≫と言いたくて

残念な直訳

He says flattering with teeth bared.

ネイティブには
こう聞こえる!?　「彼は歯をむき出してお世辞を言う」

こう考えれば
英訳できた!　「彼のお世辞は私に不快感を与える」

ネイティブならこう言う

His compliments set my teeth on edge.

相手を喜ばせるため、心にもない嘘と見えすいたお世辞を言う人のことです。何と英語にも似た言い回しがあり、set someone's teeth on edge で「(人に) 不快感を与える、(人を) イライラさせる」なので、His compliments (彼のお世辞) を主語にすれば「彼のお世辞は人に不快感を与える」→「彼は歯の浮くようなお世辞を言う」となります。

He shamelessly compliments everyone. でもいいでしょう。... with teeth bared だと「歯をむき出して」となり、意味が異なります。

彼の発言で会場がざわついた。

≫と言いたくて

残念な直訳

His comment made everyone noisy.

 ネイティブには
こう聞こえる!?　「彼の発言で皆がおしゃべりになった」

 こう考えれば
英訳できた!　「彼の発言で聴衆が興奮した」

ネイティブならこう言う

His comment caused a commotion.

「ざわつく」とは「騒々しくなること、落ち着かないこと」を言い、「ざわざわ」という擬声語から生まれた表現。「心がざわつく」などと表現することもあり、この場合は心の中が落ち着かない状態を指します。

「騒ぎを引き起こす」という意味の cause a commotion のフレーズを使い、His comment caused a commotion. と表現すると、うまくざわざわした様子が表せます。

make everyone noisy をネイティブが聞くと、「皆がおしゃべりしてうるさくなった」というイメージになるため NG です。

犬に噛まれたと思うしかない。

と言いたくて

残念な直訳

It feels like being bitten by a dog.

 ネイティブにはこう聞こえる!?　「犬に噛まれた感じだ」

 こう考えれば英訳できた!　「すぐに回復するよ」

ネイティブならこう言う

You'll soon get over it.

　「犬に噛まれたと思うしかない」とは、残念なできごとにより何か不幸が起きた人に対し、「(犬にちょっと噛まれたぐらいのことで) すぐ治るから、早く忘れよう」と励ます時の言葉。get over なら「乗り越える、(困難を) 克服する、立ち直る、治る」という意味があるのでピッタリです。You'll soon get over it. で「それはすぐに乗り越えられますよ」→「すぐに立ち直れますよ」というイメージになります。

　It feels like being bitten by a dog.（犬に噛まれた感じだ）と言うと、「痛くて大変だ」と取る人がいるかもしれません。

今となっては笑い話ですが。

>> と言いたくて

残念な直訳

Now it's a joke.

 ネイティブには こう聞こえる!?　「今じゃ、それは物笑いのタネだ」

 こう考えれば 英訳できた！　「今ならそれを笑うことができる」

ネイティブならこう言う

Now we can laugh about it.

　かつては大変な状況だったのが、時が経ち、今となっては笑って話せるまでになったことをいう表現です。過去の思い出話をする際によく使うフレーズで、偶然にも、英語に似たような言い回しがあります。**Now we can laugh about it.**で、「今では私たちもそれを笑うことができる」→「今となっては笑い話ですが」となります。

　Now it's a joke.だと、a joke には「話にならないもの、物笑いの種」という意味もあるため、「今じゃ、それは物笑いのタネだ」なんて意味に取られる可能性があります。

（彼女には）太鼓判を押す。

≫ と言いたくて

残 念 な 直 訳

I will push her.

 ネイティブには こう聞こえる!?　「私は彼女を押す」

 こう考えれば 英訳できた！　「彼女の能力は保証できる」

ネイティブならこう言う

I can vouch for her abilities.

　あることに対して間違いないと請け合い、確かだと保証することを言います。そのため「（個人的に）…を保証する」という意味のある vouch for ... を使い、I can vouch for her abilities. と言えば「彼女の能力は保証できる」→「彼女に太鼓判を押す」となります。非常に高く評価することを言うので、I can highly recommend her.（彼女を高く推します）と言い換えることも可能でしょう。

　push にも「推し進める」という意味がありますが、I will push her. だと、彼女の背中をドンと押すようなイメージになります。

これは叩き台だと考えてください。

> と言いたくて

残念な直訳

Please look at this as a springboard.

 ネイティブには こう聞こえる!? 「これを出発点と考えてください」

 こう考えれば 英訳できた！ 「これを草稿だと考えてください」

ネイティブならこう言う

Please look at this a rough draft.

とりあえずの試案のことを「叩き台」と言いますが、元々は鍛冶屋が金属を叩いて成形するための台（叩き台）から来ている言葉だとか。正式に企画書などを作る前の段階のものを指すので、rough draft と表現すれば「草稿」→「叩き台」となります。Please look at this a rough draft. なら「これを叩き台と考えてください」です。

「台」のイメージから springboard（踏切台）を連想する人もいるかもしれませんが、Please consider this a springboard. だと「これを出発点と考えてください」と異なる意味に。

脱線しないようにしましょう。

> と言いたくて

残念な直訳

Let's try not to run off the track.

 ネイティブには こう聞こえる!? 「(列車) が脱線しないようにしよう」

 こう考えれば 英訳できた! 「線路を進むようにしよう」

ネイティブならこう言う

Let's try to stay on track.

話や行動が、本来あるべき道筋から横道にそれることを「脱線する」と言いますが、そうならないよう物事を順調に進めようと呼びかける際の言葉です。英語で「線路を進む」は stay on track ですが、何とこの言い回しには「順調に物事を進める」という意味も。そのため Let's try to stay on track. で「線路を進むようにしましょう」→「順調に物事を進めましょう (脱線しないようにしましょう)」となります。

not to run off the track だと、言葉の通り「線路から外れないようにしよう」となります。

確かな筋からの情報では…。

≫と言いたくて

残念な直訳

According to a reliable way, ...

 ネイティブには
こう聞こえる!?　「信頼できる方法によると…」

 こう考えれば
英訳できた!　「信頼できる情報源によると…」

ネイティブならこう言う

According to a reliable source, ...

　刑事ドラマで耳にするようなフレーズです。信用できる情報源を「確かな筋」と呼びますが、これを英語にすると According to a reliable source, ... となります。「確かな筋」は「信頼できる情報源」と考え reliable source、「…では」は、「…によると」という意味の according to ... を使うと、フォーマルなカチッとしたニュアンスが出せます。報道などでよく使う ... say that （…によれば）の言い回しを使い A reliable source says that ...（確かな筋によれば…）としても OK。

　一方、reliable way だと「信頼できる方法」となり NG です。

Part 4　日本語ならではの表現　179

その件は大事をとって伏せておこう。

> と言いたくて

残念な直訳

Let's keep safe and cover it.

 ネイティブには こう聞こえる!?　「それを安全に隠しておこう」

 こう考えれば 英訳できた！　「その件は安全にラップで覆っておこう」

ネイティブならこう言う

Let's be safe and keep that matter under wraps.

「大事をとる」とは、無理をしないで慎重に行動すること、「伏せておく」とは表沙汰にせず秘密にしておくことなので、「大事をとって伏せておこう」は、「用心して秘密にしておこう」という意味になります。Let's be safe で「大事をとって」、keep ... under wraps で「…を隠しておく、…を表沙汰にしない」なので、keep that matter under wraps（その件は伏せておく）とすれば通じます。

Let's keep safe and cover it. だと「それを安全に隠しておこう」と、異なる意味になります。

（予算内に収めようと）頭を絞った。

と言いたくて

残念な直訳

We squeezed our head to keep within the budget.

 ネイティブにはこう聞こえる!? 「予算内に収めようと頭を縛り上げた」

 こう考えれば英訳できた! 「予算内に収めようと頭を緊張させた」

ネイティブならこう言う

We racked our brains to keep within the budget.

頭を働かせて知恵を出すことを、「頭を絞る」と言います。脳を働かせ、あれこれ苦心して考えるのは万国共通のようで、英語では rack one's brain で「知恵を絞る」。rack は「緊張させる、苦しめる」という意味の動詞で、「脳を苦しめる」→「頭を働かせる」となります。beat one's brains も同様の意味になり、within the budget で「予算内に」です。

「絞る」というと squeeze を考える人が多いでしょうが、squeeze head と言うと、ネイティブなら頭をレモンか何かのようにギュッと絞り上げる様子を想像するかもしれません。

Part 4 日本語ならではの表現　181

あの会社は勢いがある。

と言いたくて

残念な直訳

That company has speed.

⚠️ **ネイティブにはこう聞こえる!?**　「あの会社はスピードがある」

💡 **こう考えれば英訳できた!**　「あの会社は勢いを持っている」

ネイティブならこう言う

That company has momentum.

　物事が上手く進んでノリに乗っている状態を、「勢いがある」と表現します。この「勢い」を、英語でどのように表現すればいいでしょうか？　impulse にも「勢い」の意味がありますが、これは何か行動を起こすきっかけとしての「勢い、衝動」を指す言葉。すでに物事が動き出し、波に乗っている「勢い」は momentum がドンピシャで、have momentum とすれば「勢いがある」となります。「成長している」というニュアンスならば、That company has been growing rapidly. と表現してもいいでしょう。

　have speed だと「動きが速い」というニュアンスになります。

この諺、英語で言えますか？【番外編】

【問題】次の英語の諺を日本語にしてください

1 Well fed, well bred.
2 What goes around comes around.
3 Never put off until tomorrow what you can do today.
4 Misery loves company.
5 Appearances are deceiving.
6 Don't put the cart before the horse.
7 You scratch my back, and I'll scratch yours.
8 You can't judge a book by its cover.
9 Misfortunes never come singly.
10 What you don't know can't hurt you.
11 A word is enough to the wise.
12 As you make your bed, so you must lie in it.
13 Dead men tell no tales.
14 Anything is better than nothing.
15 Forewarned is forearmed.
16 If you can't beat them join them.
17 Beautiful flowers are soon picked.
18 Nothing is lost for asking.
19 The proof of the pudding is in the eating.
20 Let a thief catch a thief.

【答え】代表的なものを紹介

1　衣食足りて礼節を知る
2　因果応報（事は起こるべくして起こる）
3　思い立ったが吉日（今日できることを明日に持ち越すな）
4　同病相憐れむ
5　人は見かけによらぬもの
6　本末転倒だ（馬の前に荷台をつけるな）
7　魚心あれば水心
　　（私の背中を掻いてくれたら、あなたの背中も掻きます）
8　人は見かけによらぬもの
　　（表紙から本の中身はわからない）
9　弱り目に祟り目／泣きっ面に蜂／踏んだり蹴ったり。
10　知らぬが仏。（知らなければ傷つかない）
11　一を聞いて十を知る
12　自業自得
　　（自分でベッドの仕度をしたら、そこで寝なければならない）
13　死人に口なし
14　枯れ木も山のにぎわい（何もないよりはいい）
15　備えあれば憂いなし
16　長いものには巻かれろ
　　（打ち負かすことができないならば、それに従え）
17　美人薄命（きれいな花はすぐに摘まれる）
18　聞くは一時の恥、聞かぬは一生の恥
19　論より証拠（プディングの味は食べればわかる）
20　毒をもって毒を制す／蛇の道は蛇
　　（泥棒に泥棒を捕まえさせなさい）

おわりに

　いかがでしたでしょうか。

　なんとかして英語を言おう、伝えようとしたのに、とんでもない意味やニュアンスになっていたとわかると、ショックですよね。
　誰だって、
　「そんなつもりじゃないのに……！」
　とあたふたしてしまいます。まして、相手が怪訝(けげん)な顔をしたり、ムッとしたりしたならなおさら。

　しかし一方で、そういう思いをしたときこそ、
　「じゃ、どう言えばいいの？」
　という「学びたい気持ち」がマックス高まっているときではないでしょうか？　私も、今も日本語を勉強中の身ですから、心底よくわかります。

　この本は、そんな「学びたい気持ち」にしっかり応えられるよう、フレーズを厳選して紹介しました。
　ぜひご活用ください。

　堂々と英語を話すみなさんとどこかでお会いできることを、楽しみにしています！

デイビッド・セイン

本書は青春新書インテリジェンスのために書き下ろされたものです

青春新書
INTELLIGENCE

こころ涌き立つ「知」の冒険

いまを生きる

"青春新書"は昭和三一年に——若い日に常にあなたの心の友として、その糧となり実になる多様な知恵が、生きる指標として勇気と力になり、すぐに役立つ——をモットーに創刊された。

そして昭和三八年、新しい時代の気運の中で、新書"プレイブックス"にその役目のバトンを渡した。「人生を自由自在に活動する」のキャッチコピーのもとに——すべてのうっ積を吹きとばし、自由闊達な活動力を培養し、勇気と自信を生み出す最も楽しいシリーズ——となった。

いまや、私たちはバブル経済崩壊後の混沌とした価値観のただ中にいる。その価値観は常に未曾有の変貌を見せ、社会は少子高齢化し、地球規模の環境問題等は解決の兆しを見せない。私たちはあらゆる不安と懐疑に対峙している。

本シリーズ"青春新書インテリジェンス"はまさに、この時代の欲求によってプレイブックスから分化・刊行された。それは即ち、「心の中に自ら青春の輝きを失わない旺盛な知力、活力への欲求」に他ならない。応えるべきキャッチコピーは「こころ涌き立つ「知」の冒険」である。

予測のつかない時代にあって、一人ひとりの足元を照らし出すシリーズでありたいと願う。青春出版社は本年創業五〇周年を迎えた。これはひとえに長年に亘る多くの読者の熱いご支持の賜物である。社員一同深く感謝し、より一層世の中に希望と勇気の明るい光を放つ書籍を出版すべく、鋭意志すものである。

平成一七年　　　　　　　　　　刊行者　小澤源太郎

著者紹介
デイビッド・セイン〈David Thayne〉

米国生まれ。証券会社勤務後に来日。日本での35年を越える英語指導の実績をいかし、AtoZ GUILDと共同で英語学習書、教材、Webコンテンツの制作を手掛ける。累計400万部を超える著書を刊行、多くがベストセラーとなっている。
AtoZ English（www.atozenglish.jp）主宰。

英会話
その"直訳"は
ネイティブを困らせます

青春新書
INTELLIGENCE

2019年12月15日　第1刷

著　者	デイビッド・セイン
発行者	小 澤 源 太 郎

責任編集　株式会社プライム涌光
電話　編集部　03(3203)2850

発行所　東京都新宿区若松町12番1号　〒162-0056　株式会社青春出版社
電話　営業部　03(3207)1916　振替番号　00190-7-98602

印刷・中央精版印刷　　製本・ナショナル製本
ISBN978-4-413-04587-2
©David Thayne 2019 Printed in Japan

本書の内容の一部あるいは全部を無断で複写(コピー)することは著作権法上認められている場合を除き、禁じられています。

万一、落丁、乱丁がありました節は、お取りかえします。

青春新書 INTELLIGENCE

こころ涌き立つ「知」の冒険！

人は死んだらどこに行くのか　世界の宗教の死生観	島田裕巳	PI-506
ブラック化する学校　少子化なのに、なぜ先生は忙しくなったのか？	前屋 毅	PI-507
僕ならこう読む　「今」と「自分」がわかる12冊の本	佐藤 優	PI-508
江戸の長者番付　殿様から商人、歌舞伎役者に庶民まで	菅野俊輔	PI-509
「減塩」が病気をつくる！	石原結實	PI-510
隠れ増税　なぜあなたの手取りは増えないのか	山田 順	PI-511
この一冊で芸術通になる　大人の教養力	樋口裕一	PI-512
スマートフォン　その使い方では年5万円損してます	武井一巳	PI-513
「血糖値スパイク」が心の不調を引き起こす	溝口 徹	PI-514
こんなとき英語でどう切り抜ける？	柴田真一	PI-515
その「もの忘れ」はスマホ認知症だった	奥村 歩	PI-516
「糖質制限」その食べ方ではヤセません	大柳珠美	PI-517
浄土真宗ではなぜ「清めの塩」を出さないのか	向谷匡史	PI-518
「皮膚は「心」を持っていた！　第二の脳ともいわれる皮膚のストレスを消す	山口 創	PI-519
その「英語」が子どもをダメにする　間違いだらけの早期教育	榎本博明	PI-520
頭痛は「首」から治しなさい　慢性頭痛の9割は首こりが原因	青山尚樹	PI-521
日本語のへそ	金田一秀穂	PI-522
「系図」を知ると日本史の謎が解ける	八幡和郎	PI-523
英語にできない日本の美しい言葉	吉田裕子	PI-524
AI時代を生き残る仕事の新ルール	水野 操	PI-525
速効！漢方力　抗がん剤の辛さが消える	井齋偉矢	PI-526
公立中高一貫校に合格させる塾は何を教えているのか	おおたとしまさ	PI-527
ニュースの深層が見えてくるサバイバル世界史	茂木 誠	PI-528
40代でシフトする働き方の極意	佐藤 優	PI-529

お願い　ページわりの関係からここでは一部の既刊本しか掲載してありません。折り込みの出版案内もご参考にご覧ください。

こころ涌き立つ「知」の冒険！

青春新書 INTELLIGENCE

図説 一度は訪ねておきたい！日本の七宗と総本山・大本山	永田美穂[監修]	PI-530
世界一美味しいご飯をわが家で炊く	柳原尚之	PI-531
経済で謎を解く 関ヶ原の戦い	武田知弘	PI-532
病気知らずの体をつくる 粗食のチカラ	幕内秀夫	PI-533
運を開く 神社のしきたり	三橋 健	PI-534
究極の野村メソッド 番狂わせの起こし方	野村克也	PI-535
「太陽の塔」新発見！岡本太郎は何を考えていたのか	平野暁臣	PI-536
図説 あらすじと地図で面白いほどわかる！源氏物語	竹内正彦[監修]	PI-537
定年前後の「やってはいけない」	郡山史郎	PI-538
怒ることで優位に立ちたがる人	加藤諦三	PI-539
被害者のふりをせずにはいられない人 人間関係で消耗しない心理学	片田珠美	PI-540
歴史の生かし方	童門冬二	PI-541
「子どもの発達障害」に薬はいらない	井原 裕	PI-542
「腸の老化」を止める食事術	松生恒夫	PI-543
中学の単語ですぐに話せる！英会話1000フレーズ	デイビッド・セイン	PI-544
最新栄養医学でわかった！ボケない人の最強の食事術	今野裕之	PI-545
キャッシュレスで得する！お金の新常識	岩田昭男	PI-546
2025年のブロックチェーン革命	水野 操	PI-547
図説『日本書紀』と『宋書』で読み解く！謎の四世紀と倭の五王	瀧音能之[監修]	PI-548
やってはいけない「長男」の相続 日本一相続を見てきてわかった円満解決の秘策	税理士法人レガシィ	PI-549
AI時代に「頭がいい」とはどういうことか	米山公啓	PI-550
最新脳科学でついに出た結論 「本の読み方」で学力は決まる	川島隆太[監修]	PI-551
寝たきりを防ぐ「栄養整形医学」骨と筋肉が若返る食べ方	大友通明 松﨑泰・榊浩平[著]	PI-552
「日本人の体質」研究でわかった長寿の習慣	奥田昌子	PI-553

お願い ページわりの関係からここでは一部の既刊本しか掲載してありません。

青春新書 INTELLIGENCE

こころ湧き立つ「知」の冒険!

なぜ、やる気がそがれる問題な職場	見波利幸	PI-554
中学単語でここまで通じる! 英会話[ネイティブ流]使い回しの100単語	ディビッド・セイン	PI-555
江戸の「水路」でたどる! 水の都 東京の歴史散歩	中江克己	PI-556
政権を支えた仕事師たちの才覚 官房長官と幹事長	橋本五郎	PI-557
ジェフ・ベゾス 未来と手を組む言葉	武井一巳	PI-558
[最新版]「うつ」は食べ物が原因だった!	溝口 徹	PI-559
日本一相続を扱う行政書士が教える 子どもを幸せにする遺言書	倉敷昭久	PI-560
毎日の「つながらない」時間が知性を育む ネット断ち	齋藤 孝	PI-561
ドイツ人はなぜ、年290万円でも生活が「豊か」なのか	熊谷 徹	PI-562
人をつくる読書術	佐藤 優	PI-563
定年前後「これだけ」やればいい	郡山史郎	PI-564
理系で読み解く すごい日本史	竹村公太郎[監修]	PI-565
図解 うまくいっている会社の「儲け」の仕組み	株式会社タンクフル	PI-566
「いい親」をやめるとラクになる 子どもの自己肯定感を高めるヒント	古荘純一	PI-567
図説 地図とあらすじでスッキリわかる! 動乱の室町時代と15人の足利将軍	山田邦明[監修]	PI-568
50歳からのゼロ・リセット 「手放す」ことで、初めて手に入るもの	本田直之	PI-569
英会話 その勉強ではもったいない!	ディビッド・セイン	PI-570
「脳が老化」する前に知っておきたいこと	和田秀樹	PI-571
図説 地図とあらすじでわかる! 万葉集〈新版〉	坂本 勝[監修]	PI-572
最新医学からの検証 うつと発達障害	岩波 明	PI-573
僕らの世界を作りかえる哲学の授業	土屋陽介	PI-574
写真で記憶が甦る! 懐かしの鉄道 車両・路線・駅舎の旅	櫻田 純	PI-575
「下半身の冷え」が老化の原因だった	石原結實	PI-576
いつもの薬が病気・老化を進行させていた 薬は減らせる!	宇多川久美子	PI-577

お願い ページわりの関係からここでは一部の既刊本しか掲載してありません。折り込みの出版案内もご参考にご覧ください。